Margrit R. Schmid
Alice Schmid
"I killed people"

Margrit R. Schmid
Alice Schmid
(Interviews)

"I killed people"

Wenn Kinder in den Krieg ziehen

Mit einem Vorwort
von
Bundesrat Joseph Deiss
(Außenminister der Schweiz)

Lamuv

Bitte fordern Sie unser kostenloses Gesamtverzeichnis an:
Lamuv Verlag, Postfach 26 05, D-37016 Göttingen, Telefax (05 51) 4 13 92
E-Mail info@lamuv.de
www.lamuv.de

Mit freundlicher Unterstützung von
DEZA Direktion für Entwicklung und Zusammenarbeit, Schweiz
Brot für die Welt, Deutschland

01 02 03 04 05   6 5 4 3 2 1

1. Auflage 2001
Originalausgabe
© Copyright Lamuv Verlag GmbH, Göttingen 2001
Alle Rechte vorbehalten

Lektorat: Carolina Hüttmann
Fotos: Video-Stills aus dem Film "I killed people"
Umschlaggestaltung: Gerhard Steidl
unter Verwendung eines Fotos von dpa
Gesamtherstellung: Steidl, Göttingen
Printed in Germany
ISBN 3-88977-599-3

Inhalt

Manjo Thomas Borlay und Alice Schmid transkribierten die Interviews mit den Kriegsveteranen aus dem westafrikanischen Liberia. Dort wird »Liberian English« gesprochen, ein Dialekt, der in Aussprache und Grammatik zum Teil von der englischen Standardsprache abweicht. In der Übersetzung wird dieser Dialekt nicht wiedergegeben.

Lasst uns unseren Kindern helfen

Als Bub habe ich oft gespielt, alleine und mit Kameraden. Bei schönem Wetter draußen, in der rue de Lausanne oder auf der place Python. Bei schlechtem Wetter zu Hause. Fussball oder Verstecken haben wir gespielt, je nach Lust und Laune. Oder wir haben selbst Spielzeuge aus Holz hergestellt, das mein Vater im Atelier nicht mehr brauchte. Ausgelassen waren wir und unbeschwert. Gab's Auseinandersetzungen und Streit, so konnte ich getrost nach Hause gehen, wo meine Mutter und mein Vater mir Geborgenheit gaben.

Wie anders verläuft das Leben vieler Jugendlicher; das von Maud zum Beispiel, von John oder Glasgow. Sie waren noch Kinder, als sie für den Krieg rekrutiert wurden. Bewaffnet und oft mit Drogen vollgestopft, haben sie an der Front gekämpft. Früh, zu früh wurden sie mit den schrecklichsten Seiten des Lebens konfrontiert. Diese Kinder hatten keine Chance. Sie sind in ihrer körperlichen und seelischen Integrität verletzt worden. In der Hoffnung auf ein Leben, auf ein besseres Leben, haben sie gekämpft und wurden missbraucht.

Die Erlebnisse von Maud, Glasgow, John, Melvin und Josephine haben mich erschüttert. Menschenverachtende Machtgelüste haben sie um ihre Kindheit gebracht. Der Krieg ist zu Ende, doch die Narben sind noch nicht verheilt. Die Kinder sind traumatisiert von ihren Erlebnissen und haben keine Perspektive. Der Gedanke, dass es vielen Kindern gleich oder ähnlich ergeht, macht mich traurig.

Viele, zu viele Kinder leiden heute unter Krieg und kriegerischen Auseinandersetzungen. Von allen Opfern sind sie die

Schwächsten. Der Gedanke daran, dass es viele Kinder gibt, die im Krieg geboren sind und noch nie etwas anderes erlebt haben, macht mich betroffen. Schlimmer noch ist aber das Los der Kindersoldaten. Diesen Kindern wird schweres Leid zugefügt. Angesichts dieser Tragik will ich aber nicht ohnmächtig sein.

Als Außenminister setze ich mich ein für den Schutz und für die Rechte der Kinder. Insbesondere Kinder, die Opfer von bewaffneten Konflikten sind, nehmen einen wichtigen Platz in unserer Außenpolitik ein. So hat sich die Schweiz bei der Ausarbeitung des Zusatzprotokolls zur Kinderrechtskonvention betreffend den Einsatz von Kindern in bewaffneten Konflikten aktiv an der Weiterentwicklung internationaler Normen beteiligt, um der Rekrutierung von Kindern als Soldaten vorzubeugen. Wir haben uns namentlich eingesetzt für ein umfassendes Verbot bei Rekrutierung, sei diese nun erzwungen oder freiwillig, sowie beim Einsatz von Personen unter 18 Jahren. Zudem unterstützen wir besonders in Afrika zahlreiche Initiativen, um die Armut zu bekämpfen, die zu Konflikten und Gewalt gegen Kinder führen kann – und um Kindersoldaten zu demobilisieren und in ein normales Leben zu integrieren.

»Oral history«, wie im vorliegenden Band eindrücklich dokumentiert, macht auf das Schicksal vieler Kinder aufmerksam, denen wir alle ein besseres Leben wünschen. Es darf keine Anstrengung unterlassen werden, um das Wohlbefinden aller Kinder zu fördern und ihnen eine bessere Zukunft zu ermöglichen.

Joseph Deiss
Vorsteher des Eidgenössischen Departementes
für auswärtige Angelegenheiten

Einleitung

Weltweit werden in Konfliktregionen Kinder – Jungen und Mädchen – zur aktiven Teilnahme am bewaffneten Kampf gezwungen. Als Soldaten verbringen sie ihre Jugendzeit in meist marodierenden, gewalttätigen Banden. Da sie als Angehörige bewaffneter Einheiten den Schutz verlieren, unter dem die Zivilbevölkerung laut dem bestehenden internationalen Völkerrecht steht, sind militärische Angriffe auf diese Kinder erlaubt. Internationale Abkommen legen das Mindestalter für die Rekrutierung zum bewaffneten Kampf auf lediglich 15 Jahre fest. Immer wieder haben sich Menschenrechtsorganisationen für eine Erhöhung des Mindestalters ausgesprochen, lange Zeit ohne Erfolg.

Im Januar 2000 kam es dann in Genf trotz massiven Widerstands der USA und Großbritanniens zu einer ersten Modifikationsentscheidung: Bei den Verhandlungen der Arbeitsgruppe der Vereinten Nationen (UN) für die Schaffung eines fakultativen Zusatzprotokolls zur Konvention für die Rechte der Kinder (siehe Anhang) konnte ein Kompromiss erzielt werden. Das Mindestalter für die Zwangsrekrutierung in reguläre Streitkräfte und in Rebellenverbände wurde von 15 auf 18 Jahre erhöht. Gleichzeitig aber wurde das Mindestalter für Freiwillige bei 15 Jahren belassen. Die einzelnen Staaten sind nun aufgefordert, das Zusatzprotokoll zu ratifizieren. Vielen Kindern wird dieser Beschluss nicht helfen. Die meisten ehemaligen Kindersoldaten berichten, dass sie de facto gezwungen waren, den Rebellengruppierungen als »Freiwillige« beizutreten. In vielen Krieg führenden Ländern haben 15-Jährige trotz ihrer international festgelegten Rechte oft schon seit fünf und mehr Jahren gekämpft. Unzählige Länder halten sich weder an die Genfer Konventionen noch an andere Teile des bestehenden Völkerrechts. Maßnahmen zur Umsetzung des Völkerrechts sind vor allem bei akuten Konflikten nur mit größten Schwierigkeiten, meist aber überhaupt nicht möglich.

Im westafrikanischen Staat Liberia leben heute Tausende von Kriegsveteranen und Kriegsveteraninnen im Alter von 20 bis 25 Jahren. Sie kämpften in militärischen Einheiten, unter Rebellenführern, in ihrem eigenen Land miteinander und gegeneinander. Heute haben sie den Bürgerkrieg, der von 1989 bis 1997 fast das ganze Land zerstörte, überlebt. Viele sind aber psychisch und körperlich traumatisiert. Sie sind zu 95 Prozent Analphabeten, haben keine Ausbildung und keine Arbeit. Sie leben ohne Heimat in ihrem Heimatland. Eine Rückkehr in ihre Dörfer und zu ihren Angehörigen ist nicht möglich. Der Krieg hat praktisch alle familiären Strukturen, Dörfer, Straßen und Wege zerstört. Um überleben zu können, sind die inzwischen jungen Erwachsenen gezwungen, zu stehlen, Fremde und Bekannte auszurauben oder sich zu prostituieren.

Mit einigen dieser jungen Menschen hat meine Schwester Alice Schmid 1999 den preisgekrönten Film »I killed people« gedreht. Mehr als zehn Wochen arbeitete sie in Monrovia und Umgebung mit jungen männlichen und weiblichen Kriegsveteranen. Zahlreiche Gespräche und Interviews hat sie auf Tonband und Video aufgezeichnet. Ein Teil dieser Interviews wurde im Film verwendet.

Das Hintergrundmaterial in diesem Buch gibt einen Einblick in die Geschichte und das Leben in Liberia. Im Film war ein Bereitstellen von Hintergrundinformationen leider nicht möglich. Nicht zuletzt deshalb, weil zu der Zeit, als die Aufnahmen entstanden, Filmteams im Lande nicht willkommen waren und ein ausführlicherer Bericht nicht gedreht werden durfte.

In diesem Buch sollen die größtenteils vergessenen Veteraninnen und Veteranen nochmals zu Wort kommen. Diese Veröffentlichung ist eine der Möglichkeiten, ihnen eine Stimme zu verleihen. Dieses Buch kann nicht verhindern, dass sich beim Lesen der Berichte ein Gefühl der Ohnmacht einstellt. Es will aber dazu anregen, sich eine Meinung zu bilden und sich einzumischen.

Margrit R. Schmid

Kinder und ihre Rechte im Krieg

Kinder im Krieg – Zahlen und Fakten

*»Am schlimmsten war, dass wir nie an einem Ort bleiben konnten.
Nach jedem Überfall mussten wir fliehen oder weiterziehen, dabei
regnete es oft, und wir hatten keinen Unterstand und nie ein Bett
zum Schlafen. Und immer dieser Regen ... «*

Aus: »und dann töten sie mich«, Die Zeit, 14.1.1999

Noch nie haben so viele Kinder unter Krieg gelitten wie in
der heutigen Zeit. Das berichten Hilfswerke, internationale
Organisationen, Friedens- und Kriegsforscher aus der ganzen
Welt. Und sie belegen dies mit Zahlen:

- 28 Millionen Kinder leben zurzeit in Kriegsregionen.
- Ungezählte Millionen Kinder verloren ihre Eltern.
- Über zwölf Millionen Kinder sind heimatlos.
- Millionen von Kindern sind auf der Flucht, viele ohne ihre
  Eltern oder andere Familienangehörige.

- Über zehn Millionen Kinder sind traumatisiert.
- Mehr als zwei Millionen Kinder wurden im Verlauf der letzten zehn Jahre im Krieg getötet; vier bis fünf Millionen wurden schwer verletzt.
- Über 300 000 Kinder unter 18 Jahren, so wird geschätzt, kämpfen zurzeit in bewaffneten Konflikten. Darüber hinaus gibt es Kinder in bewaffneten, aber gerade nicht kämpfenden Gruppen.
- Während der letzten zehn Jahre wurden in 64 Staaten 120 Millionen Minen gelegt, eine Mine für jedes zwölfte Kind der Welt. Kinder werden von Minen getötet oder verwundet, auch wenn der Krieg längst zu Ende ist.
- Ende des Jahres 2000 herrschte im Sudan seit über 35 Jahren Krieg, in Angola seit 25 Jahren, in Afghanistan und Sri Lanka seit 20, in Somalia seit über zehn Jahren. Generationen von Kindern wachsen inmitten bewaffneter Konflikte auf und haben nie Friedenszeiten erlebt.

- Wo Krieg ist, werden Kinder zu Opfern von Kriegsverbrechen und zur Zielscheibe von Kampfhandlungen zwischen Soldaten.
- Wo Krieg ist, werden Kinder gefoltert.
- Wo Krieg ist, werden Kinder vergewaltigt.
- Wo Krieg ist, müssen sie Gewalttaten mitansehen oder an ihnen mitwirken.

Wo Krieg herrscht, sind Kinder immer betroffen.

Kinder werden in ihrer Heimat, in ihrem eigenen Land, zum Kriegsdienst eingezogen. Sich dagegen zu wehren, ist für sie hoffnungslos. Als Minderjährige haben sie de facto keine Rechte, sind nicht organisiert und besitzen keine Lobby, die sie unterstützt. Auch sind Kinder nicht in der Lage, vorauszusehen, was sie als Soldat oder Soldatin im Krieg erwartet.

Wirklich freiwillig zieht kein Kind in den Krieg. »Um mein Leben und das meiner Eltern zu retten, habe ich mich den Soldaten angeschlossen«, erzählt Maud aus Liberia. Auch Jugendliche aus anderen Konfliktgebieten wie Afghanistan, Sierra Leone, Somalia oder dem Sudan berichten, dass sie zum »freiwilligen« Mittun gezwungen wurden.

Dieses Buch berichtet schwerpunktmäßig über ehemalige Kindersoldaten in Liberia. Die Perspektive beschränkt sich aber nicht auf dieses westafrikanische Land, sondern informiert auch über andere Teile der Welt einschließlich Europa. Trotzdem kann nicht jeder Fall, in dem Kinder in den Krieg ziehen, hier benannt werden, das Problem ist zu umfangreich. In den Tagen der Drucklegung dieses Buches gingen wieder Meldungen zu Kindersoldaten in Uganda und im Sudan durch die Presse. Das zeigt, dass es vieles und täglich Neues zu berichten gibt.

Was sind die Genfer Konventionen?

»Ich erlasse diese Gesetze, um den Starken daran zu hindern, den
Schwachen zu unterdrücken.«   Hammurabi, König von Babylon

Das internationale Völkerrecht und die Genfer Konventionen, die Kinder vor Krieg und Kriegshandlungen schützen sollen, sind nicht nur den meisten Kindern, sondern auch den meisten Erwachsenen, ob Soldaten oder Zivilpersonen, unbekannt. Dies gilt für Afrika, Asien und Amerika genauso wie für Europa. Eine Umfrage an Schweizer Schulen mit über 500 Schülern zwischen 15 und 17 Jahren ergab, dass gerade zwei 16-Jährige wussten, womit sich die Genfer Konventionen befassen. Und kaum ein Kind hat je etwas von der Konvention der Rechte der Kinder gehört.

Die Genfer Konventionen sind Teil des Völkerrechts, auch »Recht der bewaffneten Konflikte« oder »Kriegsrecht« genannt. Sie dienen dem Schutz der Angehörigen von Streitkräften, die außer Gefecht gesetzt wurden, sowie dem Schutz von Personen, die nicht an den Feindseligkeiten beteiligt sind, insbesondere der Zivilbevölkerung.

Als Urheber des ersten dieser Abkommen gilt Henry Dunant (1828–1910). Der Genfer Geschäftsmann erlebte im Juni 1859 mit Entsetzen die unmittelbaren Folgen der Schlacht von Solferino. Französische und piemontesische Truppen hatten hier gegen die »Besatzungsmacht« Österreich gekämpft. Dunant traf in Solferino auf Tausende von Verwundeten, die in einem erbärmlichen Zustand auf Hilfe warteten. Zusammen mit der lokalen Bevölkerung versuchte er, den Verletzten zu helfen. Für die meisten aber kam jede Hilfe zu spät.

Aufgrund seiner Erlebnisse veröffentlichte er 1862 in Genf das Buch »Eine Erinnerung an Solferino«, in dem er den grauenvollen Zustand und die mangelhafte Versorgung der Verwundeten auf den Schlachtfeldern beschrieb. Der Bericht endet mit der Forderung, auf internationaler Ebene Gesellschaften zum Schutze der Verwundeten einzurichten. Dunant fand schnell Unterstützung. Zusammen mit Guillaume-Henri Dufour, Gustave Moynier, Louis Appia und Théodor Maunoir gründete er in Genf im Jahre 1863 das Internationale Rote Kreuz (IKRK).

1864 berief die Schweizer Regierung auf Vorschlag der fünf Gründungsmitglieder des IKRK eine internationale Konferenz ein. 16 Staaten nahmen daran teil und verabschiedeten gemeinsam die so genannte »Konvention zur Verbesserung des Loses der verwundeten Soldaten der Armeen im Felde«.

Diese Konvention war die erste in einer Reihe von internationalen Abkommen, die in Genf getroffen wurden. Wenn man heute von den Genfer Konventionen spricht, denkt man vor allem an die »Genfer Abkommen zum Schutz der Kriegsopfer«, die im August 1949 erarbeitet wurden. Sie bestehen aus vier Einzelabkommen, von denen drei an verschiedenen historischen Vorläufern orientiert sind. Das vierte dieser Abkommen war jedoch neu. Es wurde angesichts der hohen Zahl von Toten unter der Zivilbevölkerung im Zweiten Weltkrieg ausgearbeitet. Es dient dem »Schutze der Zivilpersonen in Kriegszeiten« und schließt erstmals bestimmte Rechte für Kinder ein. Über ein Mindestalter für Rekrutierungen wird jedoch nichts gesagt.

Heute haben die Genfer Konventionen in mehr als 160 Ländern offizielle Gültigkeit.

Kinder als Soldaten in der europäischen Geschichte

»Sollte nicht der Anblick der jungen Invaliden, die einen Arm oder ein Bein verloren haben und die traurig nach Hause zurückkehren, Gewissensbisse bei uns erwecken oder zum mindesten ein Bedauern, dass wir nicht alles versucht haben, um den verderblichen Folgen von Wunden zu begegnen, die durch schnelle und wirksame Hilfe noch hätten geheilt werden können?« Henry Dunant,
Eine Erinnerung an Solferino

Bis weit in die Neuzeit war die Auffassung darüber, wer ein »Kind« ist, eine andere als heute. In vielen Gesellschaften galten Jugendliche, egal ob Jungen oder Mädchen, ab dem 13. oder 14. Lebensjahr als »erwachsen«. Erwachsen genug, um verheiratet zu werden oder in den Krieg zu ziehen. Erst im 19. Jahrhundert begann sich dieses Verständnis vielerorts, wenn auch nicht überall, zu wandeln.

Kinder hatten in den Kriegen der europäischen Geschichte ihren festen Platz. So zogen nach der Schlacht von Nancy im Jahre 1475 Tausende jugendlicher Kriegssöldner aus der Zentralschweiz nach Genf, um mit Gewalt ihren ausstehenden Lohn einzutreiben. Im Dreißigjährigen Krieg (1618 bis 1648) schlossen sich herumirrende Kinder den Söldnerheeren an. Bei den erwachsenen Soldaten gab es für sie eine Möglichkeit zu überleben.

Als Dunant 1862 eine der völkerrechtlich wichtigsten Bewegungen auslöste, dachte er noch nicht an den Schutz Minderjähriger. Dass aber auch zu seiner Zeit Kinder für den Krieg ausgebildet wurden und bewaffnet in Truppen mitkämpften, zeigt eine Passage aus seinem berühmt gewordenen Buch:

»Dort (in Solferino) endet auch die militärische Laufbahn des tapferen Leutnants Fournier von den Gardeschützen, der am Tage vorher im Alter von zwanzig Jahren schwer verwundet wurde. Zehn Jahre alt, war er als Freiwilliger in die Armee eingetreten, mit elf Jahren wurde er Korporal, mit sechzehn Leutnant. Er hatte bereits zwei afrikanische Feldzüge und den Krimkrieg mitgemacht, und bei der Belagerung von Sebastopol war er verwundet worden.«*

Jean François Fournier wird damals nicht der einzige Soldat gewesen sein, der mit zwanzig Jahren bereits zehn Jahre im Kriegsdienst verbracht hatte.

---

* »Leutnant Jean François Fournier wurde am 6. Februar 1839 in Metz geboren. Er trat am 4. Juni 1849 als Freiwilliger bei der Fremdenlegion ein und kam daraufhin nach Algier. Am 6. April 1850 wurde er Korporal, am 1. April 1851 Sergeant, am 11. Juli 1852 Fourier und 1854 Feldwebel. In den Jahren 1855 und 1856 machte er den Krimkrieg als Oberfeldwebel mit, und am 20. November 1855 wurde er Leutnant beim 42. Linienregiment. Von dort kam er am 13. Oktober 1856 mit dem gleichen Grade zum zweiten Schützenregiment der Kaiserlichen Garde. Am 24. Juni 1859 wurde er tödlich verwundet; er starb am 25. Juni.« (Dunant)

Kinder als Soldaten im Zweiten Weltkrieg

»Die Tatsache, dass ich euch gefunden habe, hat endlich meinen Kampf möglich gemacht.« Adolf Hitler
in einer Ansprache an die Hitler-Jugend

In Deutschland wurden in der Nazi-Zeit Mitglieder der Hitler-Jugend gezielt auf den Kriegseinsatz vorbereitet. Am 18. Februar 1943 kündigte Propagandaminister Goebbels dann die Zwangsrekrutierung aller Männer im Alter von 16 bis 65 Jahren, und aller 17- bis 45-jährigen Frauen an. Im so genannten »letzten Aufgebot« wurden in den Monaten vor der Kapitulation Hunderttausende von 14- bis 15-Jährigen eingezogen. Auf Anordnung fanatischer Vorgesetzter wurden

Hitler verleiht Kindern das Eiserne Kreuz

14-jährige deutsche Jungen, Soldaten des »Volkssturms« und Flakhelfer, nach ihrer Gefangennahme 1945

einige dieser Kinder wegen angeblicher Feigheit vor dem Feind hingerichtet.

Insgesamt wurden im »letzten Aufgebot« fast eine Million Alte, Jugendliche und Kranke, deren Kampfkraft selbst in der Bevölkerung als gering eingestuft wurde, eingezogen. Sie sollten vor allem den Ansturm der Roten Armee im Osten aufhalten. Ohne ausreichende Ausbildung und Ausrüstung war der Volkssturm jedoch ein untaugliches Unternehmen, das vielen Alten und Jugendlichen im Kampf gegen einen haushoch überlegenen Gegner den Tod brachte.

Auch Manfred Gregor wurde als Kind in die Wehrmacht eingezogen. Seine Erinnerungen hat er im Alter von 30 Jahren in Romanform niedergeschrieben. 1958 wurde sein Buch vom Schweizer Regisseur Bernhard Wicki verfilmt. »Die Brücke« zeigt, wie die mörderische Realität des Krieges Kinder auf Abwege bringt, psychisch und physisch zerstört. Wickis Film führt aber nicht nur den Missbrauch Jugendlicher durch ein machtbesessenes, krankhaftes Regime vor Augen. Er gilt auch als einer der wenigen Antikriegsfilme überhaupt.

Kindersoldaten und die Genfer Konventionen nach dem Zweiten Weltkrieg

»Auf diese Weise geriet ich ohne mein Zutun zur Hitler-Jugend. Wir kleinen Zehnjährigen gehörten zu den Pimpfen, bekamen eine Uniform verpasst und begannen jetzt nationalsozialistischen Dienst zu tun.«   Aus: Oskar C., Deutschland

Angesichts der hohen Zahl an Toten unter der Zivilbevölkerung im Zweiten Weltkrieg wurden die Genfer Konventionen 1949 überarbeitet. Ein viertes Teilabkommen regelte nun auch die Rechte der Zivilbevölkerung im Krieg. 1977 kamen zwei Zusatzprotokolle hinzu. Diese befassen sich unter anderem erstmals mit dem Mindestalter für die Zwangsrekrutierung im Fall eines bewaffneten Kampfes. Leider wurden diese Zusatzprotokolle bis heute nur von einer Minderheit der Staaten ratifiziert.

Artikel 77 (2) des ersten Zusatzprotokolls legt das Mindestalter bei internationalen Konflikten fest: »Die Konfliktparteien sollen alle wirksamen Maßnahmen ergreifen, damit Kinder unter 15 Jahren nicht direkt an den Feindseligkeiten teilnehmen. Insbesondere sollen sie diese nicht für ihre Armeen rekrutieren. Bei der Rekrutierung von Personen, die zwar 15, aber noch nicht 18 Jahre alt sind, sollen die Konfliktparteien den ältesten die Priorität geben.«

Bei nationalen Konflikten wird das Mindestalter im Artikel 4 (3) des zweiten Zusatzprotokolls geregelt: »Kinder unter 15 Jahren sollen weder von der Armee noch von bewaffneten Gruppen rekrutiert werden, noch soll erlaubt sein, dass sie an Feindseligkeiten teilnehmen.«

Wann und weshalb kommt es zu Zwangs-rekrutierungen von Jugendlichen und Kindern?

»Aber dann haben sie mich gefesselt und geschlagen, bis ich das Gewehr doch genommen und damit geschossen habe.«

Saidu, sieben Jahre alt, aus Sierra Leone

Aus: Die Zeit, 14. Januar 1999

De facto werden Kinder und Jugendliche vor allem bei lang andauernden Konflikten zwangsrekrutiert. Sind, wie im Zweiten Weltkrieg, die Verluste in den eigenen Reihen zu groß und besteht ein akuter Mangel an Soldatennachschub, werden immer jüngere Kinder unabhängig von ihrem Geschlecht zum Kriegsdienst eingezogen. Zu Zwangsrekrutierungen kommt es auch in rebellischen Gruppierungen, die sich vor allem in Gebieten mit Bürgerkrieg formieren.

Ein weiterer Faktor, der die Rekrutierung Jugendlicher begünstigt, ist der unkontrollierte Handel und die Entwicklung im Bereich der Kleinwaffen. Halbautomatische Gewehre können auch von Kindern und Jugendlichen einfach gehandhabt werden. In Konfliktgebieten floriert der Waffenhandel in hohem Maße und wird meistens von westlichen Ländern aus gesteuert.

Kinder werden vor allem deshalb eingezogen, weil sie leicht verfügbar und in der Besoldung billiger sind. Außerdem können sie sich weniger als Erwachsene gegen illegale Rekrutierung wehren. Zu den Gruppen, aus denen am häufigsten zwangsrekrutiert wird, zählen Kinder ohne Familienbindung oder Erwachsenenbegleitung, Kinder auf der Flucht, Kinder aus Konfliktgebieten, Kinder der Armen und Kinder, die kein gültiges Geburtsdokument haben. Jungen werden insgesamt häufiger als Mädchen für den direkten Kampfeseinsatz herangezogen. Mädchen dienen Rebellenführern und männlichen Soldaten üblicherweise als Objekte für die Befriedigung ihrer sexuellen Bedürfnisse. Diese Tendenzen bedeuten aber nicht, dass Jungen vor Vergewaltigungen sicher sind oder dass Mädchen niemals an den Kämpfen teilnehmen.

Bei den immer zahlreicheren innerstaatlichen Konflikten werden Zivilisten, insbesondere Frauen und Kinder, gezielt zu Opfern der Gewalt gemacht. Terror gegen die Zivilbevölkerung ist Teil der Kriegsstrategie. Für viele Kinder und Jugendliche ist die einzige Möglichkeit, dem Tod zu entkommen, sich den gewalttätigen Gruppen anzuschließen. Kinder hoffen, als Soldaten in der Gemeinschaft unter einem gewissen Schutz zu stehen, den sie sonst nirgends finden können. Außerdem hoffen sie zum Beispiel auf Nahrungsversorgung oder eine geschützte Schlafstelle.

Bürgerkriegsähnliche Konflikte und anarchische Verhältnisse gehen oft Hand in Hand mit starker ideologischer Beeinflussung, die Kinder und Jugendliche psychisch massiv belastet und zu aggressiven Ausbrüchen gegenüber dem so genannten Feind führt. Dies ist einer der wichtigsten Gründe, warum Kinder von den Krieg führenden Parteien an vorderster Front eingesetzt werden.

Der Einsatz von Kindersoldaten
als eine Form ungesetzlicher Kinderarbeit

»Eines Tages flohen vier meiner Kolleginnen aus dem Camp, doch sie wurden schnell geschnappt, zurückgebracht und vor unseren Augen erschossen.« Kadiatu, 13 Jahre alt, aus Sierra Leone

Aus: Die Zeit, 14. Januar 1999

Die beiden Zusatzprotokolle zu den Genfer Konventionen von 1977 erlauben eine Zwangsrekrutierung Minderjähriger, da sie nur Kinder im Alter von weniger als 15 Jahren schützen. Massiver Widerstand gegen diese Tatsache begann sich ab 1980 zu formieren. Eine Änderung der Abkommen aber schien aufgrund des Widerstands praktisch aller Großmächte aussichtslos.

Daher versuchten einzelne Organisationen auf dem Umweg über das Internationale Arbeitsrecht, den Einsatz

Jugendlicher unter 18 Jahren im bewaffneten Kampf zu verbieten. Sie begründeten ihre Forderung damit, dass Jugendliche bei der Teilnahme an bewaffneten Auseinandersetzungen Schaden nehmen an Gesundheit, Körper und Moral. Dies ist für Jugendliche unter 18 Jahren laut internationalem Arbeitsrecht verboten. Das Einschlagen solcher juristischen Umwege zeigt, wie schwierig die Situation derjenigen ist, die eine Anhebung des Mindestalters für die Zwangsrekrutierungen durchsetzen wollen.

Der Sonderberichterstatter des UN-Generalsekretärs für Menschenrechte in Kambodscha schreibt in seinem Bericht von 1998:

»Eine andere Form der Ausbeutung von Kindern ist die Rekrutierung von Kindersoldaten. Kambodscha ist der Konvention über die Rechte des Kindes beigetreten, die alle Staaten verpflichtet, Maßnahmen zu ergreifen, damit Personen unter 15 Jahren nicht direkt an Feindseligkeiten teilnehmen. Das Gesetz von 1997 über die allgemeinen Bedingungen für die Angehörigen des Militärs in der Königlichen Kambodschanischen Armee schreibt ein Mindestalter für die Einberufung von 18 Jahren vor. Trotzdem werden Minderjährige als Soldaten rekrutiert, tragen Kriegsmaterialien und leisten andere Dienste im Heer...

Sie werden mit an die Front genommen, riskieren ihr Leben wie andere Soldaten, werden beschossen, sind Granaten ausgesetzt, Landminen etc. Kindersoldaten stammen meist aus armen Familien oder sind Waisen. Sie kamen entweder freiwillig zur Armee, weil es dort Essen, Unterkunft und ein bisschen Geld für die Familien gibt – oder sie werden gewaltsam eingezogen.«

UN Dokument E/CN.4/1998/95, par. 134

Fortschritt in kleinen Etappen

»Ich wollte nicht sterben. Ich habe selber gesehen, wie einer der Bosse einen Jungen von hinten erschossen hat, weil der sich geweigert hatte, einem Gefangenen die Hand abzuhacken.«

Saidu, sieben Jahre alt, aus Sierra Leone

Aus: Die Zeit, 14. Januar 1999

Trotz der aussichtslosen Situation wurde weiter für die Anhebung des Mindestalters für Zwangs- und Freiwilligenrekrutierung gekämpft. Das Internationale Komitee des Roten Kreuzes, der Rote Halbmond, NGOs (Non Governmental Organizations – Nichtregierungsorganisationen), das Kinderhilfswerk UNICEF, das UN-Hochkommissariat für Flüchtlinge (UNHCR), terre des hommes und andere Organisationen konnten aber trotz ihrer massiven Bemühungen kaum Bewegung in die Diskussion bringen.

Grund für die Stagnation der Gespräche war weiterhin der massive Widerstand der Großmächte USA, Großbritannien, Frankreich und Deutschland. Die ablehnende Haltung insbesondere der USA wird auch daraus ersichtlich, das sie bis 1995 die »Konvention der Rechte des Kindes« (siehe Anhang) nicht unterzeichnet haben. Dieses Übereinkommen besteht unabhängig von den Genfer Konventionen. Es ist ein Gesetzeswerk der Vereinten Nationen, das im November 1989 von der Generalversammlung angenommen wurde und im September 1990 in Kraft trat. Artikel 38 und 39 regeln die Behandlung von Kindern während bewaffneter Konflikte und danach. Die Bestimmungen für das Mindestalter bei Rekrutierungen orientieren sich an den Zusatzprotokollen zu den Genfer Konventionen und schützen Minderjährige somit ebenso wenig vor dem Einzug in bewaffnete Einheiten.

Es bewegte sich etwas, als die Vereinten Nationen 1991 einen Ausschuss für die Rechte des Kindes gründeten. 1992 wurde ein Schwerpunkttag zu diesem Thema veranstaltet, auf dem ein Vorschlag für ein Zusatzprotokoll zur Ergänzung der UN-Konvention über die Rechte des Kindes ausgearbeitet wurde. In dem Vorschlag wird die Anhebung des Mindestalters für Zwangs- und Freiwilligenrekrutierung von 15 auf 18 Jahre gefordert.

Eine Arbeitsgruppe der UN-Menschenrechtskommission, vom Schweden Nils Eliasson geleitet, verfasste 1995 aufgrund des Vorschlags einen weiteren Textentwurf und legte diesen zur Begutachtung vor. Bis 1998 konnten sich die Beteiligten auf keinen definitiven Text für das Zusatzprotokoll einigen. Deshalb bat die Menschenrechtskommission alle interessierten Parteien, Kommentare zu der bisherigen Arbeit der Arbeitsgruppe auszutauschen.

Die Koalition für die Beendigung des Einsatzes von Kindersoldaten

Angesichts der dramatischen Situation der immer größer werdenden Zahl missbrauchter Kinder im Kriegsdienst schlossen sich im Juli 1998 sechs international führende Nichtregierungsorganisationen zu einer *Koalition für die Beendigung des Einsatzes von Kindersoldaten* zusammen: amnesty international, Human Rights Watch, Internationale Föderation terre des hommes, International Save the Children Alliance, Jesuit Refugee Service und Quaker United Nations Office Genf. Inzwischen gehören auch Defense for Children International (DCI), World Vision International und regionale Organisationen aus Afrika und Lateinamerika der Koalition an.

Das oberste Ziel dieser Koalition ist die Annahme eines Zusatzprotokolls zur Konvention über die Rechte des Kindes, in dem die Einberufung in die Streitkräfte vollständig verboten wird. Ein weiteres Ziel ist die Anerkennung und Umsetzung dieses Standards durch alle bewaffneten Kräfte und Gruppen, nationale Streitkräfte sowie Nichtregierungsgruppen, also auch Rebellenorganisationen.

Auf zahlreichen Konferenzen machte die Koalition durch Erklärungen lautstark auf ihre Ziele aufmerksam. Im April 1999 gab es eine Konferenz in Maputo (Mosambik), im Juli in Montevideo (Uruguay), im Oktober in Berlin (Deutschland) und im Mai 2000 in Kathmandu (Nepal). Nacheinander fanden sie also in den verschiedenen Erdteilen Afrika, Südamerika, Europa und Asien statt. Zu den jeweiligen Gebieten erarbeitete die Koalition umfangreiches Hintergrundmaterial.

Auch bei der europäischen Konferenz in Berlin vom 18. bis 20. Oktober 1999 hat die Koalition ihre Forderungen mit einer Deklaration verabschiedet. Zu diesem Zeitpunkt weigerten sich Deutschland, Großbritannien, Frankreich, Luxemburg, Österreich und die Niederlande, die Rekrutierung Jugendlicher unter 18 Jahren generell zu verbieten.

Textvorschlag der Koalition für ein effektives Zusatzprotokoll – Grundlage der Konferenz vom Januar 2000 in Genf

Zentrale Bestimmung zur Verwirklichung einer eindeutigen 18-Jahres-Regelung in einem Zusatzprotokoll zur UN-Kinderrechtskonvention. Ein Entwurf des Zusatzprotokolls wurde im Oktober 1998 vom UN-Büro der Quäker an die UN-Kommission für Menschenrechte übermittelt.

Artikel 1

Die Unterzeichnerstaaten stellen sicher, dass Personen, die das 18. Lebensjahr noch nicht erreicht haben, weder der Wehrpflicht unterliegen noch sich freiwillig zu den Streitkräften melden können.

Artikel 2

Die Unterzeichnerstaaten stellen sicher, dass Personen, die das 18. Lebensjahr noch nicht erreicht haben, nicht als Mitglieder der Streitkräfte an Feindseligkeiten teilnehmen.

Artikel 3

(1) Personen, die jünger als 18 Jahre sind, sollen nicht gezwungen oder freiwillig in bewaffnete Gruppen rekrutiert werden, die von den bewaffneten Einheiten des Staates getrennt werden, noch sollen sie an Feindseligkeiten teilnehmen. Die Unterzeichnerstaaten treffen alle notwendigen Maßnahmen, um solche Rekrutierungen und Teilnahme an Kriegshandlungen zu verhüten.

(2) Die Anwendung der Bestimmung betrifft nicht den offiziellen Status der Parteien eines bewaffneten Konflikts.

Artikel 4

Die Unterzeichnerstaaten erklären die erzwungene oder freiwillige Rekrutierung von Personen, die das 18. Lebensjahr noch nicht vollendet haben, oder deren Teilnahme an Feindseligkeiten zu einem Kriminaldelikt.

Artikel 5

Zu diesem Zusatzprotokoll sind keine Vorbehalte zugelassen.

Artikel 6

Die Unterzeichnerstaaten setzen sich wirksam und aktiv dafür ein, dass die Prinzipien und Bestimmungen des Zusatzprotokolls bei Erwachsenen wie Kindern bekannt werden.

Artikel 7

Die Unterzeichnerstaaten des Zusatzprotokolls nehmen in die Berichte nach Artikel 44 an das Komitee für die Rechte des Kindes Informationen über die Maßnahmen zur Umsetzung des Zusatzprotokolls auf.

Der Kompromiss vom 21. Januar 2000

»Ich sage, ich war gezwungen, es zu tun, denn, wenn ich mich ihnen nicht angeschlossen hätte, hätten sie mich und meine Familie getötet. Deshalb sage ich, ich war gezwungen, mit ihnen zu gehen. Es war die einzige Möglichkeit, mein Leben und das meiner Eltern zu retten.«   Maud, aus dem Film »I killed people«

Am 20. Januar 2000 gingen in Genf die Verhandlungen über das neue Zusatzprotokoll der Genfer Konventionen zu Ende, in deren Folge die UN-Arbeitsgruppe einen Kompromiss vereinbarte. Die wichtigsten Bestimmungen finden sich in den ersten vier Artikeln (Übersetzung des Verlags; es liegt noch keine offizielle Übersetzung der Vereinten Nationen vor – Originaltext siehe Anhang):

Artikel 1
Die Unterzeichnerstaaten sollen alle ihnen möglichen Maßnahmen ergreifen, um sicherzustellen, dass Mitglieder ihrer bewaffneten Streitkräfte, die noch nicht 18 Jahre alt sind, nicht direkt an kriegerischen Auseinandersetzungen beteiligt sind.

Artikel 2
Die Unterzeichnerstaaten sollen sicherstellen, dass Personen, die noch nicht 18 Jahre alt sind, nicht in ihre bewaffneten Streitkräfte zwangsrekrutiert werden.

Artikel 3
(1) Die Unterzeichnerstaaten sollen das Mindestalter für die freiwillige Rekrutierung von Personen in ihre nationa-

len bewaffneten Streitkräfte im Gegensatz zu dem in Arti-
kel 38.3 der Konvention der Rechte des Kindes festgelegten
Mindestalter anheben, in Anerkennung der Prinzipien, die
dieser Artikel enthält, und in Anerkennung der Tatsache,
dass Personen im Alter von weniger als 18 Jahren besonde-
ren Schutzes bedürfen.

(2) Jeder Unterzeichnerstaat soll nach Ratifizierung oder
Beitritt zu diesem Protokoll eine verbindliche Erklärung
ablegen, die Auskunft gibt über das Mindestalter, das es für
eine freiwillige Rekrutierung in seine nationalen bewaffne-
ten Streitkräfte erlaubt, und die eine Erklärung über die
sichernden Maßnahmen enthält, die der Unterzeichner-
staat einsetzt, um sicherzustellen, dass diese Rekrutierung
nicht erzwungen oder unter Druck zustande kam.

(3) Die Unterzeichnerstaaten, die eine freiwillige Rekrutie-
rung unter 18 Jahren in ihre bewaffneten Streitkräfte erlau-
ben, sollen sichernde Maßnahmen einrichten, um im Mini-
malfall sicherzustellen, dass:
eine solche Rekrutierung tatsächlich freiwillig ist;
eine solche Rekrutierung nur mit Kenntnisnahme und
Zustimmung eines Elternteils oder gesetzlichen Vormunds
der Person geschieht;
diese Personen vollständig über die Pflichten, die der Mili-
tärdienst einschließt, informiert werden; und
solche Personen vor ihrer Annahme in den nationalen Mili-
tärdienst ein beweiskräftiges Zeugnis ihres Alters vorwei-
sen.

(4) Jeder Unterzeichnerstaat darf seine Erklärung jederzeit
durch eine diesbezügliche Benachrichtigung an den Gene-
ralsekretär der Vereinten Nationen, der alle weiteren Unter-
zeichnerstaaten informieren wird, erweitern und bestär-

ken. Eine derartige Erklärung tritt an dem Tag in Kraft, an dem der Generalsekretär sie erhält.

(5) Die Forderung in Paragraph 1, die die Anhebung des Mindestalters verlangt, betrifft nicht die Schulen, die von den bewaffneten Kräften der Unterzeichnerstaaten unterhalten werden beziehungsweise sich in deren Kontrolle befinden, in Übereinstimmung mit den Artikeln 28 und 29 der Konvention der Rechte des Kindes.

Artikel 4

(1) Bewaffnete Kräfte, die keine staatlichen bewaffneten Kräfte sind, sollen unter keinen Umständen Personen rekrutieren oder von ihnen in kriegerischen Auseinandersetzungen Gebrauch machen, die weniger als 18 Jahre alt sind.

(2) Die Unterzeichnerstaaten ergreifen alle ihnen möglichen Maßnahmen, um derartige Rekrutierung und derartigen Gebrauch zu verhindern, einschließlich der Annahme gesetzlicher Maßnahmen, die notwendig sind, um derartige Praktiken zu verbieten und sie für kriminell zu erklären.

(3) Die Anwendung des vorliegenden Artikels dieses Protokolls soll nicht den legalen Status irgendeiner Partei in bewaffneten Konflikten beeinflussen.

Jugendliche unter 18 Jahren sollen also künftig nicht mehr bei Kampfhandlungen eingesetzt werden (früher 15 Jahre), und das Alter für Zwangsrekrutierungen in reguläre Streitkräfte und Rebellenverbände wird ebenfalls von 15 auf 18 Jahre erhöht. Für die Freiwilligenrekrutierung hat man sich lediglich darauf geeinigt, dass das in der Konvention der Rechte des Kindes festgesetzte Mindestalter erhöht werden soll und gewisse Maßnahmen zum Schutz der freiwillig an den Kampfhandlungen teilnehmenden Jugendlichen getroffen werden müssen.

Die Verabschiedung dieses Zusatzprotokolls war nur möglich, weil die USA und Großbritannien ihren Widerstand gegen die Erhöhung des Alters auf 18 Jahre bei Kampfeinsätzen aufgegeben haben. Ein Zusatz, welcher die Einberufung einer Überprüfungskonferenz fünf Jahre nach dem Inkrafttreten des Zusatzprotokolls vorsah, musste auf Druck der Großmächte allerdings fallen gelassen werden.

Das Resultat wurde mehrheitlich positiv aufgenommen. Unter anderem wurde es von der *Koalition für die Beendigung des Einsatzes von Kindersoldaten* begrüßt. Die Koalition drängt alle Unterzeichnerstaaten auf möglichst schnelle Ratifizierung.

Für die Kinder in den Kriegsgebieten wird insgesamt ein besserer Schutz erhofft. Dies, obwohl allgemein bekannt ist, dass die meisten Kinder gezwungen werden, sich »freiwillig« an den kriegerischen Auseinandersetzungen zu beteiligen. Deshalb fordert die Koalition auch, dass die Einzelstaaten das Mindestalter für freiwillige Rekrutierung, das im Zusatzprotokoll nicht definitiv festgelegt ist, von sich aus auf 18 Jahre erhöhen. Anfang des Jahres 2001 ist das Dokument zwar bereits unterzeichnet, aber noch nicht ratifiziert. Konventionen werden erst nach der Ratifikation gültig.

Normalerweise wird eine Konvention vom Staatsoberhaupt eines Landes ratifiziert, sobald die Vorkehrungen des Abkommens im eigenen Land gesetzlich verankert sind. Vorher ist sie nicht verbindlich. Außerdem tritt eine Konvention nicht in Kraft, bis sie von mindestens 20 Staaten ratifiziert wurde.

Wer sorgt dafür, dass bei kriegerischen Auseinandersetzungen keine Kinder in den Kampf geschickt werden?

»Das humanitäre Völkerrecht gilt auch für anarchische Konflikte, in denen insbesondere die Zivilbevölkerung Gewalttätigkeiten ausgesetzt ist.« Aus: IKRK, Das humanitäre Völkerrecht, IKRK-Publikationen

Das Internationale Komitee des Roten Kreuzes als Förderer und Hüter des humanitären Völkerrechts hat die Aufgabe, sich für die Achtung dieses Rechts einzusetzen. Bei Verstößen wird das IKRK als Erstes mit den zuständigen Behörden »im vertraulichen Rahmen Kontakt aufnehmen«. Es ermutigt die Staaten zu nationalen Gesetzgebungen, die eine strafrechtliche Verfolgung jener ermöglichen, die schwere Verstöße gegen das humanitäre Völkerrecht begangen haben. Bei be-

weisbaren schweren Vergehen können Verantwortliche durch nationale Gerichtshöfe oder durch eine internationale Instanz strafrechtlich verfolgt werden.

In Ländern, in denen Krieg herrscht, egal ob in Afrika, Asien, Amerika oder Europa, sind diese Maßnahmen während der Zeit der Konflikte praktisch nicht anwendbar. Auch sind bewaffnete Gruppen in Bürgerkriegen nicht staatlich organisiert. Sie stehen unter keiner Kontrolle und respektieren keine Regierungsgewalt.

Vergehen sind oftmals schwer beweisbar. Kinder, die als Soldaten missbraucht werden, sind nicht als solche registriert. Wo Kindersoldaten eingezogen werden, wird das möglichst geheim gehalten, da die Verantwortlichen sich der verbrecherischen Handlung meist bewusst sind. Wird trotz aller Vertuschungsmanöver ein Vergehen bekannt, beginnt ein langwieriger, jahrelanger Aufklärungsprozess. Die Opfer selbst geraten darüber meist in Vergessenheit.

Vom Sinn der Genfer Konventionen, auch wenn sie immer wieder missachtet werden

»Ich, Soghra Behrouzi, ermächtige den General der Provinz Kermanshah, meinen zwölfjährigen Sohn Reza in den Dienst des Vaterlands zu nehmen.« Aus: »Ich habe keine Tränen mehr« – Die Geschichte des Kindersoldaten Reza Behrouz

»Jedes neue Gesetz gegen die Zwangsrekrutierung ist nutzlos, solange die Kultur der Straflosigkeit, die den Missbrauch von Kindern als Soldaten umgibt, nicht wirksam bekämpft wird.« Dies schreibt die *Koalition für die Beendigung des Einsatzes von Kindersoldaten.*

Die bestehenden Genfer Konventionen und andere Teile des Völkerrechts wurden in der Vergangenheit von vielen Regierungen und insbesondere von Rebellengruppen nicht beachtet und werden dies auch in Zukunft kaum werden. Jugendlichen und Kindern in Konfliktregionen wird auch eine neue Regelung für die Zwangsrekrutierung kaum Verbesserungen bringen.

Für viele ist die so genannte freiwillige Einbindung in eine der kämpfenden Gruppierungen die einzige Rettung vor dem sicheren Tod. Als Kämpfende in einer kriegerischen Einheit glauben sie, für den Moment vor aggressiven Angriffen der Soldaten und Rebellen geschützt zu sein. Oft sind es auch Eltern und Verwandte, die Kinder bei den kämpfenden Truppen in Sicherheit glauben.

Es ist praktisch unmöglich, bewaffnete Kinder aus Krieg führenden Gruppen zu lösen. Mitglieder von Hilfsorganisationen sind meist machtlos und werden oft selbst zur Zielscheibe unberechenbarer Aggressionen. Trotzdem ist es wich-

tig, Verstöße immer wieder öffentlich zu verurteilen und, wo
immer möglich, etwas zu ihrer Verhütung und zur Bestrafung aller Verantwortlichen zu unternehmen.

Auf die Frage, ob im westafrikanischen Liberia Rebellen
und Militärpersonen wegen ihres Missbrauchs von Tausen-
den von Kindern als Kriegssoldaten angeklagt wurden, ant-
wortete der UNESCO-Direktor für Bildung und Erziehung,
Kacem Bensalah, wie folgt: »Die Frage der Kindersoldaten ist
ein sehr ernsthaftes Problem, vor allem bezüglich des Rechts-
schutzes und der Ausbildung der Kinder. Etwa 300 000 Kinder sind weltweit gezwungen, im Krieg zu dienen, vor allem
in Afrika. Im Moment haben wir keine Antwort auf die gestellte Frage. Die *Koalition gegen Kindersoldaten* wird mit
Sicherheit die Frage genau gleich beantworten.«

Staaten, die das Protokoll zur Konvention der Rechte von Kindern über die Einbeziehung von Kindern in bewaffnete Konflikte vom 25. Mai 2000 unterzeichneten (Stand: 28. Januar 2001):

Andorra*
Argentinien*
Aserbaidschan*
Bangladesh
Belgien*
Belize
Bosnien-
   Herzegowina
Brasilien
Costa Rica*
Dänemark*
Demokratische
   Republik Kongo*
Deutschland
Ecuador
El Salvador
Finnland*
Frankreich
Gabun
Gambia
Griechenland
Großbritannien
Guatemala*
Guinea-Bissau
Island*
Irland

Italien
Jamaica*
Jordanien
Kambodscha*
Kanada
Kasachstan
Kenia*
Kolumbien*
Kuba
Lesotho*
Liechtenstein
Luxemburg
Madagaskar
Malawi*
Mali*
Malta
Marokko
Mexiko
Monaco
Namibia*
Nauru*
Nepal*
Neuseeland
Niederlande
Nigeria*
Norwegen*

Österreich
Panama
Paraguay
Peru
Philippinen*
Portugal*
Rumänien*
San Marino
Schweden*
Schweiz*
Senegal*
Seychellen
Sierra Leone*
Singapur
Slowenien*
Spanien
Sri Lanka*
Südkorea
Tschechische
   Republik*
Türkei*
Ukraine*
Uruguay*
USA
Venezuela
Vietnam

---

* Diese Staaten erhöhten von sich aus das Mindestalter für freiwillige Rekrutierung auf 18 Jahre (Angaben der *Koalition für die Beendigung des Einsatzes von Kindersoldaten*).

Bewaffnete Konflikte 1995–1997, in denen Kindersoldaten zum Einsatz kamen

(Angaben von amnesty international):

Afrika
Algerien
Angola
Burundi
Dschibuti
Kongo-Brazzaville
Kongo-Kinshasa
Liberia
Ruanda
Sierra Leone
Somalia
Sudan
Südafrika
Uganda

**Asien und
Naher Osten**
Afghanistan
Burma (Myanmar)
Indien/Kaschmir
Indonesien/Osttimor
Irak/Kurdistan
Iran
Israel/besetzte Gebiete
Kambodscha
Libanon
Papua-Neuguinea
Philippinen
Sri Lanka
Türkei/Kurdistan

**Europa
und frühere Sowjetunion**
Albanien
Bosnien und Herzegowina
Großbritannien/Nordirland
Kroatien
Russische Föderation/
    Tschetschenien
Tadschikistan

Zentral- und Südamerika
Ecuador
Guatemala
Kolumbien
Peru

Staaten, die Jugendliche unter 18 Jahren in ihre Streitkräfte rekrutieren (Liste von Juni 1999)

Afghanistan*
Algerien*
Angola*
Australien
Aserbaidschan
Bangladesh
Belgien
Bhutan
Brasilien
Burundi*
Chile
Demokratische
   Republik Kongo*
Deutschland
El Salvador
Estland
Finnland
Frankreich
Großbritannien
Honduras
Indien (Andhra
   Pradesh, Kaschmir)*
Indonesien (Osttimor)*
Irak*
Iran*
Irland

Israel (besetzte
   Gebiete)*
Italien
Japan
Jordanien
Jugoslawien
   (Kosovo)
Kambodscha*
Kanada
Katar
Kolumbien*
Kongo
   (Brazzaville)*
Kroatien
Kuba
Laos
Libanon *
Liberia*
Libyen
Luxemburg
Mauretanien
Mexiko
Myanmar*
Namibia
Neuseeland
Nicaragua

Niederlande
Norwegen
Österreich
Pakistan
Papua-Neuguinea
   (Bougainville)
Peru*
Philippinen*
Portugal
Ruanda
Russland
   (Tschetschenien)*
Schweden
Schweiz
Sierra Leone*
Somalia*
Sri Lanka*
Sudan*
Südafrika
Südkorea
Tadschikistan
Türkei*
Uganda
USA

---

* In diesen Ländern stehen Kinder, die noch nicht 15 Jahre alt sind, in kriegerischen Einsätzen.   Quelle: Rädda Barnen

Ausbildung Minderjähriger für den Krieg

»Es ist unmoralisch, wenn Erwachsene wollen, dass Kinder für sie in den Krieg ziehen.«   Erzbischof Desmond M. Tutu

1999 dienten in Deutschland mehr als 200 Minderjährige freiwillig in der Bundeswehr. Auf Nachwuchsgewinnung durch die Rekrutierung der Jugendlichen will die Bundeswehr nicht verzichten. Ihr kostenloses Ausbildungsangebot wählen viele Jugendliche, weil sie im Zivilleben keine Lehrstelle finden oder weil sie das Militär attraktiv finden. Der Bund bietet den Jugendlichen Ausbildungsmöglichkeiten, bei denen sie sich für vier, acht oder zwölf Jahre verpflichten müssen.

Als Mindestalter gilt im militärischen Bereich 17 Jahre, zudem ist die Zustimmung der Eltern notwendig. Im zivilen Bereich kann ein Jugendlicher bereits mit 16 Jahren eine Ausbildung beginnen. Auch als Grenzschützer werden in Deutschland bereits 16-Jährige eingesetzt. Die Mindestalterregelung ist dabei für Jungen und Mädchen gleich.

In Großbritannien dienten 1999 über 6 500 junge Leute zwischen 16 und 18 Jahren in der Armee, darunter 800 Mädchen. Nichtregierungsorganisationen wiesen darauf hin, dass in den bewaffneten Konflikten der letzten Jahrzehnte, an denen britische Truppen beteiligt waren (Falkland- und Golfkrieg), auch Kinder im Kampf gefallen sind.

In den meisten Militärschulen Frankreichs gilt ein Mindestalter von 17 Jahren.

In der Schweiz werden junge Männer ab dem 19. Lebensjahr rekrutiert. Freiwillige sind ab dem 17. Lebensjahr zur Ausbildung zugelassen, was aber laut dem Eidgenössischen Militärdepartement kaum vorkommt.

Staaten, die kein Wehrdienstalter angeben

Armenien
Aserbaidschan
Benin
Bosnien-Herzegowina
Burkina Faso
Burundi
Gabun
Georgien
Ghana
Haiti
Indien
Jemen
Kambodscha
Kamerun
Kasachstan
Kenia
Demokratische Volksrepublik
    Korea
Kuba
Lettland

Libanon
Liberia
Madagaskar
Mali
Niger
Panama
Paraguay
Peru
Sambia
Saudi-Arabien
Sierra Leone
Somalia
Sri Lanka
Tadschikistan
Tschad
Turkmenistan
Uganda
Vereinigte Arabische Emirate
Weißrussland
Zentralafrikanische Republik

Kinder sind als Friedenssoldaten unerwünscht

»Es fehlt die Fantasie, sich Frieden vorzustellen.« Norbert Ropers,
Direktor des Berghof-Forschungszentrums für konstruktive
Konfliktforschung in Berlin

Für UN-Friedenstruppen haben die Vereinten Nationen ein
Mindestalter von 18 Jahren bestimmt. Für die Teilnahme an
Friedensoperationen in Konfliktgebieten wurde das Mindestalter sogar auf 21 Jahre heraufgesetzt, mit der Begründung,
dass Jugendliche schneller in Panik geraten und die Kontrolle verlieren.

*Gefangennahme
deutscher
Scharfschützen
1945*

Liberia,
Geschichte und
Geschichten

»Unsere Alten erzählen, dass einst, als im Lande noch viel Krieg herrschte, im Wald ein großer Held wohnte. Sein Name war Lysabasu. Er war immer in Begleitung zweier Sänger, Siabo und Kondo. Sie sangen ihm Lieder, damit er im Kampf seinen Mut nicht verlor.

Einmal zog Lysabasu seinem großen Feind entgegen. Er hieß Grualadia. Dieser lauerte hinter dem großen Fluss, wo er auf Lysabasu wartete, um ihn zu töten. Auch er hatte zwei Sänger bei sich, die ihm tüchtig Mut zusangen. Da warfen Lysabasu und Grualadia ihre Speere, aber beide blieben unverletzt. Die Speere prallten an ihren Körpern ab. Siabo und Kondo sangen ihre Lieder für Lysabasu, die beiden anderen für Grualadia.

Lysabasu und Grualadia setzten den Kampf mit Schwertern fort. Aber auch mit diesen konnten sie einander nicht verwunden. Da rissen sie ganze Kola-Bäume aus der Erde und hieben mit den Stämmen aufeinander ein. Es war, als würden zwei Riesen im Urwald die Bäume roden. Die Sänger von Lysabasu und Grualadia aber vermochten nicht mehr gegeneinander zu singen. Auf einmal sangen sie, jeder mit seiner Stimme, dasselbe Lied.

Da sagte Grualadia zu Lysabasu: ›Wir haben beide große Kraft in unserem Körper. Wir sollten Freunde sein.‹ So schlossen sie Frieden und blieben Freunde bis heute.«

Märchen aus Liberia

Der Bürgerkrieg und seine Folgen

Bereits 1995 wurde ein Waffenstillstandsabkommen zwischen den kämpfenden Fraktionen in Liberia geschlossen. Dieses wurde aber im folgenden Jahr gebrochen. Erst im November 1996 lieferten rund 20 000 Kämpfer ihre Waffen an die im Land stationierte ECOMOG (Economic Community of West African States Monitoring Group) ab.

Am 19. Juli 1997 wurden Wahlen durchgeführt, die Charles Taylor und seine Nationale Patriotische Partei gewannen. Trotz der Hoffnungen auf Frieden, die sich in diesem Wahlergebnis äußerten, kam es in Monrovia bereits im September 1998 wieder zu blutigen Gemetzeln zwischen Regierung und einer oppositionellen Gruppe, der ULIMO-J (United Liberian Movement for Democracy in Liberia-Johnson).

Über 200 000 Menschen starben im Bürgerkrieg, der auch den Namen »Krieg der Kinder« trägt, weil von den Bürgerkriegsparteien Tausende Jungen und Mädchen eingezogen wurden. Etwa 1,5 Millionen der rund 2,5 Millionen Einwohner sind geflohen, die meisten Dörfer und Verkehrswege zerstört. Der Krieg hat in der ganzen Region unzählige, nur schwer heilbare Wunden zurückgelassen.

Viele der mehr als 40 000 Rebellen, die den Krieg überlebten, sind nach Monrovia, der Hauptstadt Liberias, gezogen. Etwa ein Drittel von ihnen sind nach Schätzungen von amnesty international ehemalige Kindersoldaten. Als Belohnung für ihren Kampfeinsatz hatten die Rebellenführer ihnen Schul- und Ausbildung, Wohnungen und vieles mehr versprochen. Nach Ende des Kriegs aber wurden sie ohne jegliche Vergütung allein zurückgelassen. Kaum jemand nähme sie zur Kenntnis, wenn nicht ihre kriminellen Handlungen auf sie aufmerksam machten.

Präsident Charles Taylor

Heute, Anfang des Jahres 2001, ist der Bürgerkrieg zwar offiziell beendet. Das heißt aber nicht, dass die Unruhen im Land ebenfalls ein Ende gefunden haben. Vor allem die Präsidentschaft Taylors ist keine gute Voraussetzung für eine Normalisierung der Zustände.

Taylor, der seine militärische Ausbildung beim libyschen Revolutionsführer Muammar el Gaddafi erhielt, löste den liberianischen Bürgerkrieg am Heiligabend 1989 durch den Einmarsch seiner Truppen aus. Schon bald bekam er die Oberhand und wurde nur durch die ECOMOG an einem schnellen Sieg gehindert. Im Krieg zeichnete er sich durch besonders grausamen Einsatz von Kindersoldaten, oft unter Drogeneinfluss, aus.

Dass er nach dem Friedensschluss in einer demokratischen Wahl trotzdem mit großer Mehrheit zum Präsidenten gewählt werden konnte, lässt sich nur mit dem starken Wunsch der Bevölkerung nach Stabilisierung erklären. Taylor war der Einzige, der sie zu gewährleisten schien.

Die Hoffnung hat sich nicht erfüllt. Taylor liefert Waffen an den Nachbarstaat Sierra Leone, in dem ein Bürgerkrieg tobt, der inzwischen auf die Gegend des Dreiländerecks zwischen Liberia, Sierra Leone und Guinea übergegriffen hat. Bezahlt werden die Waffen unter anderem mit Diamanten, ein Rohstoff, über den Liberia selbst nicht verfügt. Das einzige erkennbare Motiv in Taylors meist undurchschaubaren oder zumindest doppelbödigen Handlungen ist die Erweiterung seiner Macht, über die er vor allem durch den Rohstoffhandel

verfügt. Menschliches Leiden hält ihn nicht von der Durchsetzung dieses Ziels ab.

Währenddessen ist die Lage in den Grenzgebieten Anfang des Jahres 2001 zunehmend unübersichtlich geworden. Selbst Beobachter der Vereinten Nationen können oft nicht mit Sicherheit sagen, wer hier eigentlich gegen wen kämpft. Schätzungsweise 70 000 Vertriebene allein aus Liberia (insgesamt aber 280 000 Menschen, die meisten von ihnen aus Sierra Leone) sind inmitten der blutigen Gemetzel zwischen den Fronten gefangen, abgeschnitten von jeglicher Hilfe.

Abgesehen von dieser Anfang 2001 akuten Krise haben sich die Zustände in Liberia während und nach dem Bürgerkrieg drastisch verschlechtert: Fast alle Schulen haben geschlossen, der Analphebetismus nimmt drastisch zu, medizinische Versorgung sowie funktionierende Wasser- und Stromleitungen gibt es kaum noch. Die Hauptstadt Monrovia ist ein Trümmerfeld. Und trotz aller seiner kriminellen Machenschaften lässt Präsident Taylor keine Gelegenheit aus, die internationale Staatengemeinschaft anzuprangern, da sie angeblich den Aufbau seines Landes nicht unterstüze.

Hintergründe des Bürgerkrieges

Liberia liegt in Westafrika. Im Westen grenzt es an Sierra Leone, im Norden an Guinea und im Osten an die Elfenbeinküste. Lebten vor dem Krieg in Liberia rund 2,9 Millionen Menschen, so sind im Verlauf des Krieges über eine Million Einwohner ins Ausland geflüchtet. 1999 erreichte das zerstörte Land wieder eine Bevölkerungszahl von zirka zwei Millionen.

Beobachter sehen die Ursache des Krieges hauptsächlich in der Feindschaft zwischen den vielen ethnischen Gruppen. Die Ursachen der Konflikte liegen aber bereits in der Gründungszeit des Staates, worauf wir gleich eingehen werden.

Ethnische Strukturen sind in einem Land, in dem fast die ganze Bevölkerung auf der Flucht ist, mittlerweile kaum mehr vorhanden. Ethnische Konflikte wurden zum Teil künstlich geschürt, um den Hass zwischen den verschiedenen Gruppen zu steigern. Der Kampf der Rebellenführer ist zu einem Streit um die Macht über eine verwirrte, orientierungslose Bevölkerung geworden.

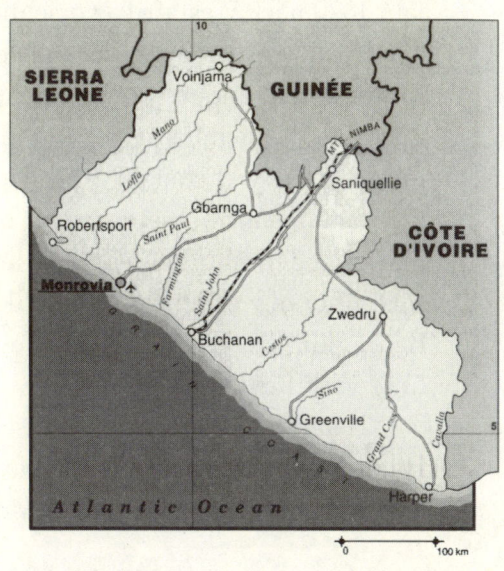

Liberia, die älteste Republik Afrikas

Liberia wurde Mitte des 19. Jahrhunderts durch die private US-amerikanische Kolonialgesellschaft ACS (American Colonization Society) an der so genannten Guineaküste in Westafrika gegründet. In den Vereinigten Staaten fühlten sich die Weißen von der wachsenden Gemeinde der freigelassenen Schwarzen bedroht. Ein Zusammenleben der »weißen und farbigen Rasse« hielten sie für unmöglich. Nach dem Vorbild Großbritanniens, das seine Sklaven bereits Ende des 18. Jahrhunderts in Sierra Leone ansiedelte, plante die 1816 gegründete ACS gemeinsam mit anderen Organisationen, die ehemaligen Sklaven ebenfalls in »ihre« Heimat zurückzuführen. Sie gründeten eine Siedlung an der Küste des heutigen Liberia.

Eine erste Gruppe von 86 ehemaligen Sklaven wurde im Jahr 1820 nach Westafrika verschifft. Der Versuch, sie entlang der Küste anzusiedeln, scheiterte. Die meisten starben an Krankheiten, andere bei Auseinandersetzungen mit Einheimischen, die sich heftig gegen die verschleierte Kolonisation ihres Landes wehrten. In Amerika aber war der Druck auf die Schwarzen enorm. Vielen wurde bei ihrer Entlassung aus der Sklaverei der Status eines freien amerikanischen Bürgers versagt. Andere wurden von ihren Sklavenhaltern nur unter der Bedingung freigelassen, dass sie sich zu sofortiger Aussiedlung verpflichteten.

1821 kaufte die Kolonialgesellschaft von den eingeborenen Häuptlingen für rund 300 Dollar in Form von Geschenken einen Landstrich entlang der Messurado-Bucht östlich von

Sierra Leone. Er war 36 Meilen lang und drei Meilen breit. Hier gründeten sie die Stadt Monrovia, benannt nach dem damaligen US-Präsidenten James Monroe. Auf einer Insel direkt vor der Küste Monrovias richteten die Amerikaner eine Militärbasis ein. Sie sollte die neuen Siedler vor der angeblich aggressiven indigenen Bevölkerung schützen.

1839 schlossen sich die verschiedenen Kolonialgesellschaften zum »Commonwealth of Liberia« zusammen und proklamierten am 16. Juni 1847 ihre staatliche Unabhängigkeit. Die Verfassung wurde von der Harvard University in Massachusetts ausgearbeitet. Zwischen 1820 und 1899 wurden über 16 000 ehemalige Sklaven nach Liberia gebracht. Dazu kamen rund 6 000 Afrikaner, die auf illegalen Sklavenschiffen auf offener See aufgegriffen und direkt nach Liberia zurückgeführt wurden.

Die Ameriko-Liberianer, wie die Einwanderer heute noch genannt werden, wohnten zunächst ausschließlich entlang der Küste. Die Einheimischen wurden ins Landesinnere vertrieben. Mit amerikanischer Unterstützung unterwarfen die Neuankömmlinge später dann die Stämme des Hinterlands, bis sie über ein Hoheitsgebiet von 100 000 Quadratkilometer verfügten. Letzte Landeroberungen fanden noch 1925 statt.

Offiziell wurde Liberia nie kolonialisiert, doch die Neuansiedler verhielten sich gegenüber der indigenen Bevölkerung wie europäische Kolonialisten.

Die indigene Bevölkerung, die Mandingo und die Ameriko-Liberianer

Schon vor der Rückführung der amerikanischen Sklaven in die Gegend des heutigen Liberia lebten hier zahlreiche ethnische Gruppen. Zu ihnen gehörten die Vai, Dey, Gola, Bandi, Kisi, Loma und Kuwaa im Südwesten des Landes, die Kpelle, Bassa, Mano, Dan, Gbee, Krahn, Grebo und Klaoh im Osten. Die meisten wurden hier in der Zeit vom 12. bis ins 16. Jahrhundert sesshaft.

Die ersten Europäer, die Portugiesen, kamen Mitte des 15. Jahrhunderts nach Westafrika. Sie handelten mit Pfeffer, Elfenbein und später vor allem mit Sklaven, ließen sich aber nicht als Kolonialmacht nieder.

Die einzelnen Ethnien lebten als lose Gruppen entlang der Küste Westafrikas und im gebirgigen Hinterland. Jede hatte ihre eigene Sprache, viele aber waren mehrsprachig. Zumindest kannten sie die Mande-Sprache der Mandingo, die schon im 14. und 15. Jahrhundert einen Großteil des Handels im ganzen westafrikanischen Raum, vom Niger bis zur Küste, kontrollierten und auf die Entwicklung großen Einfluss hatten. Über die alten Handelsrouten transportierten sie Salz, Kühe und unterschiedlichste Waren aus Nordafrika und Europa Richtung Süden. Auf dem Rückweg waren sie beladen mit Gold, Kolanüssen, Waffen, Schießpulver... Die rege Handelstätigkeit brachte den Mandingo Macht und Ansehen, wobei Mandingo-Familien untereinander starke Beziehungen, auch über weite Distanzen, pflegten.

Entlang ihrer Reiserouten beeinflussten sie die Gewohnheiten und Sitten und nahmen als strenge Muslime Einfluss auf Glaubenssysteme der indigenen Bevölkerung. Sie bauten Koranschulen und Moscheen, errichteten Märkte und organisierten erste Transportnetze. Als Handelspartner bevorzugten sie zum Islam übergetretene Frauen und Männer.

Bis Ende des 19. Jahrhunderts hatten sich Mandingo-Händlerfamilien in praktisch allen größeren und kleineren Dörfern und Städten angesiedelt. Sie bewohnten ihre eigenen Quartiere. Bald regelten sie nicht nur den Handel über lange Distanzen, sondern auch die Tauschgeschäfte unter der Dorfbevölkerung. Sie kontrollierten einzelne Handwerkskasten wie die Weberei und das Goldschmiedehandwerk. In die Gemeinschaft der ansässigen Bevölkerung haben sie sich aber nur so weit wie irgend notwendig integriert. Intensive

Beziehungen unterhielten sie ausschließlich mit ihren Handelspartnern.

Die Regierung der Ameriko-Liberianer wurde von Washington aus eingesetzt und blieb unter ständiger Aufsicht der USA, die 1908 auch die Finanzaufsicht übernahmen. 1926 überließ die ameriko-liberianische Regierung den US-Reifenkonzernen Firestone und Goodrich vier Prozent des Staatsgebietes im bewaldeten Hinterland. Der Vertrag wurde für 99 Jahre abgeschlossen und beinhaltete die Rechte über eine Million Morgen Land, für das die Firmen einen minimalen Preis zahlten. Die Konzerne ließen das immense Dschungelgebiet roden und pflanzten dort 7,5 Millionen Kautschukbäume an. 20 000 Arbeiter wurden eingestellt. Sie machten fast 15 Prozent der liberianischen Arbeitskräfte aus. Auch die von der indigenen Bevölkerung längst genutzten Bodenschätze wie Eisenerz, Diamanten, Blei und Kupfer wurden von der ameriko-liberianischen Regierung an westliche, vor allem US-amerikanische Konzerne verkauft.

Die Mandingo wurden, ebenso wie alle anderen indigenen Ethnien des Landes, von diesen Entscheidungen ausgeschlossen. Der Zugang zur Regierung wurde ihnen verwehrt. Durch Besteuerung, Zwangsarbeit und Landnahme wurde die einheimische Bevölkerung in die Geldwirtschaft eingebunden, was die gemeinschaftlichen Werte und Arbeitsformen radikal veränderte.

Die Zeit von William Tubman

Erst 1943, als der Methodistenpriester William Tubman zum Präsidenten Liberias gewählt wurde, begann sich die Situation der indigenen Bevölkerung zu ändern. Unter seiner Regierung erhielt sie das Stimmrecht, und er kämpfte für ihre Vertretung in der Regierung. Tubman richtete für alle Bevölkerungsgruppen öffentliche Schulen ein und förderte den Ausbau der Landwirtschaft. Auch die erwachsene Bevölkerung wurde geschult, wobei vor allem moderne landwirtschaftliche Anbautechniken, die Verwendung von neuem Saatgut und Tierzucht auf dem Stundenplan standen.

Tubman forcierte darüber hinaus die Entwicklung der Eisenerzindustrie. Das liberianische Erz galt als eines der besten der Welt. Es wurde von Monrovia nach Baltimore im US-Bundesstaat Maryland verschifft, wo es raffiniert wurde.

William Tubman blieb bis 1971, also fast 30 Jahre, an der Spitze der Regierung. Für Liberia war es eine Zeit des florierenden Handels. Die Hauptstadt Monrovia wuchs. Mit der Unterstützung der amerikanischen Regierung wurde am St. Pauls River ein für die wachsende Industrie dringend notwendiges Elektrizitätswerk errichtet. Flüsse wurden für die Schifffahrt ausgebaut, das Straßennetz für den stark angewachsenen Transport aus dem Hinterland erweitert. Bis 1944 führte nur eine einzige Straße ins Landesinnere, und die endete in Salala, einem Dorf 55 Kilometer von Monrovia entfernt. Ansonsten gab es nur Pfade.

Für die Realisation seiner umfangreichen Projekte nutzte Tubman das dichte Beziehungsnetz der Mandingos und übertrug ihnen auch größere Zuständigkeitsbereiche. Dass Tubman jedoch Mandingos als einzige Vertreter der indigenen Bevölkerung mit in die Regierung aufnahm, bedeutete für die Angehörigen anderer Ethnien eine Provokation.

Der wirtschaftliche Zusammenbruch Liberias

1971 starb Tubman. Sein Nachfolger, Vizepräsident William R. Tolbert, übernahm die Regierung, als das Land auf dem Höhepunkt seiner Entwicklung stand. Der größte Teil der Gewinne der transnationalen Unternehmen floss allerdings direkt ins Ausland.

Mit der Weltwirtschaftskrise Mitte der achtziger Jahre brachen die Preise für Kautschuk und Eisenerz zusammen. Firestone entließ in dieser Zeit die Hälfte seiner Arbeiter. Lamco, die liberianisch-amerikanische Bergbaukompanie, tat das Gleiche. Tausende waren nun ohne Einkommen. War schon Tubman die Demokratisierung Liberias nur im Kleinen ge-

lungen, so wurde sie bei Tolbert angesichts der wirtschaftlichen Schwierigkeiten abrupt gestoppt. Führend blieben
weiterhin die Ameriko-Liberianer, welche nur rund drei Prozent der Gesamtbevölkerung ausmachten.

Über 70 Prozent der Bevölkerung waren bald ohne Arbeit.
Das soziale Gefälle zwischen Hinterland und Küste ver-
schärfte sich in zunehmenden Maße. Nahrungsmittel mussten für teure Devisen importiert werden. Sanierungspro-
gramme des Internationalen Währungsfonds (IWF) und der
US-Amerikaner konnten den Zerfall des Landes nicht mehr
aufhalten. Im April 1979 versuchte Tolbert durch ein massives
Anheben des Reispreises die Staatsfinanzen zu sanieren.

Reis ist in Liberia jedoch eines der Hauptnahrungsmittel
und wird praktisch zu jeder Mahlzeit gegessen, so dass die
Preishebung eine Welle von gewalttätigen Demonstrationen
auslöste. Für die hohen Preise machte die Bevölkerung indes
vor allem die Mandingo verantwortlich, die den Reishandel
kontrollierten. So fand die Wut über die vom Staat verordnete
Preiserhöhung zu Unrecht hauptsächlich in den Angehörigen
dieser Bevölkerungsgruppe eine Zielscheibe. Die soziale
Krise wurde zum ethnischen Konflikt.

Der Ausbruch des Bürgerkriegs

In dieser Krisenstimmung wurde 1980 Präsident Tolbert bei einem Militärputsch durch den 28 Jahre alten Samuel K. Doe, einen Angehörigen der Krahn, ermordet. Doe übernahm die Regierung und war somit im Staat Liberia der erste Präsident der indigenen Bevölkerung. Allerdings besetzte er alle wichtigen Positionen ausschließlich mit Krahn-Gefolgsleuten. Trotzdem war es ein Versuch, die politische Dominanz der Ameriko-Liberianer und der ausländischen Konzerne zu brechen.

Die USA versuchten jedoch verstärkt, ihren Einfluss im Land zu festigen und auszubauen, um sich den Abbau der preisgünstigen Rohstoffe weiterhin zu sichern. Neue Militärunterkünfte, Waffenlieferungen, die Stationierung zusätzlicher Elitetruppen der US Army sowie Manöver mit der liberianischen Armee machten schnell klar, dass Liberia sich nicht ohne weiteres von den Vereinigten Staaten lösen konnte.

Doe konnte dem Druck der Großmacht nicht standhalten. Bald war seine Regierung autoritärer und repressiver, als es je zuvor ein liberianisches Regime gewesen war. Es kam zu anwachsenden Unruhen in der Bevölkerung.

War die Politik Liberias über ein Jahrhundert durch Unterdrückung der indigenen Bevölkerung gekennzeichnet, wurde sie nun mehr und mehr ethnisiert. Die Spannungen nahmen im ganzen Land weiter zu. Dies führte schließlich zur gewaltsamen Eskalation. Bereits bei einem Massaker in Nimba County im Landesinneren wurden 1985 über 3000 Menschen ermordet.

Am 24. Dezember 1989 fiel dann der bislang im Exil lebende Charles Taylor, ein ehemaliger Verbündeter Does, mit einer kleinen militärischen Söldnertruppe von der Elfenbeinküste in Liberia ein und eröffnete dadurch den Bürgerkrieg in dem kleinen Land. Schnell scharten die Führer der verschiedenen Gruppierungen des Landes, die sich selbst als Vertreter der großen Ethnien Krahn, Mandingo, Gio und Mano bezeichneten, bewaffnete Kampfverbände und Milizen um sich. Diese rekrutierten sie größtenteils aus der Bevölkerung – aus Männern, Frauen und Kindern, die sich auf der Flucht befanden. Wer sich weigerte, wurde ermordet.

Die Kriegsparteien und die vielen Splittergruppen führten nicht nur untereinander, sondern auch gegen die Bevölkerung Krieg. Kinder, Frauen und Männer wurden allein aufgrund ihrer ethnischen Zugehörigkeit bedroht und verfolgt.

Präsident Doe verlor bald vollends die Kontrolle in seinem Land. Während sich die USA mehr und mehr von ihm und seiner Regierung distanzierten, verschanzte er sich in seinem Regierungspalast. Nur in Westafrika hatte Doe noch mächtige Verbündete, besonders unter den nigerianischen Militärs.

Anfang August 1989 beschloss ein Komitee der ECOWAS (Economic Community of West African States) auf nigerianischen Druck hin, eine multinationale Interventionstruppe, die ECOMOG (ECOWAS Monitoring Group), nach Liberia zu entsenden. Nigeria erhoffte sich dadurch nicht zuletzt, seine wirtschaftlichen Interessen in Liberia sichern zu können. Ähnliches galt für andere westafrikanische Staaten, die sich den nigerianischen Truppen anschlossen und das Hauptkontingent der ECOMOG stellten. Dazu gehörten Ghana, Guinea, Gambia und Sierra Leone. Bald war ganz Westafrika in den Bürgerkrieg Liberias verwickelt.

Mehrere Friedensverhandlungen und Abkommen blieben ohne Erfolg. Erst Ende August 1996 wurde bei einem siebten Versuch von allen Beteiligten ein Waffenstillstand vereinbart. Bei der Entwaffnung und Demobilisierung der über 40 000 Soldaten wurden rund 20 000 Jungen und Mädchen gezählt, die praktisch alle zwangsrekrutiert worden waren. Die meisten von ihnen leben jetzt in der Millionenstadt Monrovia.

Bei Neuwahlen im Jahr 1997 wurde, wie bereits berichtet, Charles Taylor zum Präsident des zerstörten Landes gewählt.

Fragen und Erzählen

Oral History und
Geschichte

Die in diesem Buch transkribierten Interviews hat die Filmemacherin Alice Schmid 1999 in Liberia aufgenommen. Dabei hat sie sich an der Methodik der *Oral History* orientiert. Als Interviewpartner wählte sie jugendliche Kriegsveteranen. Die Interviewten können weder schreiben noch lesen. Die mündliche Erzählung ist für sie die einzige Möglichkeit, von ihrer Kindheit und ihrer momentanen Situation zu berichten.

Alle fünf Gesprächspartner leben heute in Monrovia. Glasgow und Melvin wohnen in einem Lazarett für Kriegsveteranen. Maud wohnt allein in einem vom Krieg zerstörten Haus. Josephine hat zwei Kinder und lebt mit ihnen ebenfalls in einem zerstörten Haus.

Die Interviews wurden ohne offizielle Erlaubnis gedreht. Die Gespräche mit Melvin und Josephine mussten vorzeitig abgebrochen werden.

Viele Jugendliche konnten oder wollten nicht über ihre Vergangenheit im Krieg sprechen. Einige haben ihre Erlebnisse in Tänze umgesetzt. Eine andere Gruppe hat alte, traditionelle Lieder vom Schrecken des Krieges gesungen. Im Film, der diesem Buch vorausging, sind diese zu sehen und zu hören.

Oral History ist eine Forschungsmethode, die versucht, Vergangenheit und Gegenwart in Gesprächen mit einzelnen Menschen zu erinnern und zu rekonstruieren. Die Forschungsergebnisse bestehen meist aus Ton- oder Videoaufzeichnungen. Transkribiert sind die Aufnahmen Grundlage für Forscherinnen und Forscher, die sich vorwiegend mit Soziologie, Alltagsgeschichte und Alltagskultur befassen.

Oral History ist abhängig von vielen Faktoren: von der Begegnung zweier sich meist fremder Menschen, vom Prozess des Sich-Kennenlernens, von den Fragen, vom Geschlecht und vom Alter, vom Erinnern und Vergessen der Befragten. Gesellschaftliche Tabus, Ängste, Hoffnungen und vieles mehr fließen in die Erzählungen ein und bilden die verschiedenen Ebenen, die es im Nachhinein zu entschlüsseln gilt.

Erzählte Lebensgeschichte ist nie ein Abbild von Realität, sondern die Erzählung einer momentanen Erinnerung aus der Perspektive der Erzählerin oder des Erzählers.

Oral History ist auch eine Methode, das kollektive Gedächtnis einer Gesellschaft zu entschlüsseln. Sie ist ein Weg, sich über die Entwicklung von Tabus, Verdrängungen oder Idealisierungen in einer Gesellschaft Klarheit zu schaffen.

Der Amerikaner Hubert Howe Bancroft gilt als einer der Begründer der Oral History. Bancroft, der nie eine Schule besuchte und sich Lesen und Schreiben selbst beibrachte, lancierte 1860 ein Großprogramm mit der Absicht, Biografien von Frauen und Männern im Westen Amerikas zu sammeln, um so eine Quelle für Geschichtsforscher und andere Interessierte zu schaffen. Diese Biografien werden im Oral History Office der Bancroft-Bibliothek an der Berkeley University in Kalifornien aufbewahrt.

Die Methode hat sich in Amerika schnell etabliert und wurde schon wenig später auch bei schwarzen Sklaven und Indianern, meist Analphabeten, verwendet, um deren Geschichte festzuhalten. In Europa wurde Oral History erstmals Ende der sechziger Jahre von außeruniversitären Gruppen angewendet. Sie untersuchten Biografien von Unterdrückten, Minderheiten und Frauen, die bis dahin in den offiziellen Forschungsprogrammen kaum Beachtung gefunden hatten.

Seit Ende der neunziger Jahre wird sie in Deutschland, den USA und der Schweiz unter anderem auch zu einer vertieften Erforschung des Zweiten Weltkriegs eingesetzt. So sammelt das Oral History Department des US Holocaust Memorial Museum in Washington Video- und Tonaufzeichnungen von Überlebenden des Holocaust für seine Bibliothek, die Forscher und Forscherinnen jederzeit einsehen können.

Oral History gewann auch bei der Erforschung weiblicher Biografien an Bedeutung. Nur die persönlichen Erzählungen einzelner Frauen konnten dem etablierten Forscherkollegium die Augen auf einen ihnen bisher unbekannten, vergessenen Teil der Geschichte öffnen. Die Analysen der Erzählungen führten zur Erkenntnis von grundlegenden Differenzen zwischen den Geschlechtern. Frauengeschichte kann seither nicht mehr ohne Widerstand mit Geschichte schlechthin gleichgesetzt werden.

In Guatemala wurden Ende der neunziger Jahre Zeitzeugen, Opfer und Täter, des von 1960 bis 1996 dauernden Bürgerkriegs mit der Methode der Oral History befragt. Das Projekt »Wiedergewinnung der geschichtlichen Wahrheit – REMHI« gab den Opfern Gelegenheit, das erfahrene Leid zum Ausdruck zu bringen und das Ausmaß des Schreckens ins öffentliche und internationale Bewusstsein zu rücken. Das Projekt hat gezeigt, dass Oral History eine wichtige Rolle spielen kann, geschichtliche Wahrheit nicht zu verdrängen, sondern aufzuarbeiten, um einen Friedensprozess in Gang zu bringen.

Maud Camara

22 Jahre alt

Soldatin als
12– bis 19–Jährige

Alice

Weshalb bist du Soldatin geworden?

Maud

Ich bin Muslimin, und als der Krieg begann, haben sie Muslime getötet. Und so versuchte ich, mein Leben und das meiner Familie zu retten, indem ich mich den Soldaten anschloss.

Als der Krieg begann, schien es, als würde sich alles gegen die Krahn und gegen die Muslime richten. Wir verließen unser Haus und gingen zu Fuß los, zwei Nächte und zwei Tage lang.

Am folgenden Tag kamen wir zu einem Checkpoint. Dort sah ich meinen früheren Lehrer und meine Mitschüler, die jetzt Soldaten waren. Ich sagte zu meiner Mutter: »Mam, diese Leute, ich kenne sie von der Schule.« Meine Mutter riet mir, mich so zu verhalten, als würde ich sie nicht kennen. Sie sagte: »Wenn sie dich rufen, antworte nicht, verstehst du?«

Als wir den Checkpoint erreichten, versuchten wir, ihn zu überqueren, aber einer entdeckte mich und rief mich: »Madussu!« Meine Mutter sagte mir, dass ich nicht antworten soll. Der Soldat beharrte darauf, dass ich Madussu sei, und ich sagte: »Nein, mein Name ist nicht Madussu, ich bin nicht Madussu!« Dann sagten sie zu mir, wenn ich nicht die Wahrheit sagte – sie hätten schon die Eingeweide anderer Menschen an ihren Toren hängen –, könnten sie meine Mutter und mich töten. Dann sagte meine Mutter zu ihnen: »Nein! Meine Tochter ist keine Muslimin.« Die Soldaten schlugen ihr ins Gesicht. Während dieser Auseinandersetzung kam ein Mann und sagte: »Lass sie gehen.« Verstehst du? Er sagte, lass sie gehen, und wir gingen.

Wir kamen zu einem anderen Checkpoint. Dort angekommen, riefen sie meinen kleinen Bruder, gaben ihm zehn Dollar und fragten ihn, ob ich nun Muslimin sei oder nicht. Mein kleiner Bruder sagte zu ihnen: »Nein, nein, meine Schwester ist keine Muslimin. Sie ist keine!«

Sie nahmen das Geld zurück und ließen uns gehen, weil sie uns nichts anhaben konnten.

Als wir die Stadt Kakata erreichten, riefen sie meine Schwester, die dick ist, in ihr Büro. Sie befahlen ihr zuzugeben, dass ich eine Muslimin bin. Aber sie sagte ihnen, dass ich keine Muslimin sei.

Ich konnte es nicht verstehen, warum sie hinter mir her waren, denn alle meine anderen Geschwister waren Muslime, aber sie interessierten sich nur für mich, ich wusste nicht, weshalb.

Sie bewahrten die Skelette von Menschen auf, die sie getötet hatten. Sie stießen gerade einen der Knochen in den Hals meiner Schwester, als ein General kam und fragte, was hier los sei. Sie sagten, ich sei eine Muslimin und meine Schwester weigere sich, die Wahrheit zu sagen. Er befahl ihnen, uns in Ruhe zu lassen, und noch in dieser Nacht konnten wir mit dem Bus nach Bongmines fahren. In Bongmines fanden wir zu essen und blieben die Nacht über dort.

Früh am nächsten Morgen sagte ich meiner Mutter, dass wir nicht weitergehen konnten wegen der Gefahr, dass eines oder mehrere Mitglieder unserer Familie getötet werden könnten, und dass ich beschlossen hatte, mich den Soldaten anzuschließen, um unser Leben zu retten. Sie widersprach energisch, aber ich sagte ihr, dass ich das tun musste.

Morgens um sechs Uhr früh wachte ich auf und machte mich auf den Weg, während meine Familie noch schlief. Ich ging los und sprang auf den ersten Truck, der Richtung

Kakata fuhr. Ich war damals zwölf Jahre alt. Ich ging und schloss mich diesen Menschen an und begann zu kämpfen.

Alice

Kannst du dich erinnern, wann du das erste Mal Blut gesehen hast?

Maud

Ja, es war bei meinem Partner; als wir kämpften, hatte ich einen Partner, und es war das erste Mal, dass ich viel Blut sah. Denn, ich weiß zwar nicht, was für eine Waffe die benutzten, aber sein Rücken war offen, und da war so viel Blut, und es war schrecklich für mich, denn es war das erste Mal, dass ich Blut sah.

Seine Mutter kam, als sie ihn ins Krankenhaus brachten. Sie begann zu schreien und leckte sein Blut, denn es war ihr

einziges Kind, sie konnte keine mehr bekommen. Das war also das erste Mal, dass ich Blut gesehen habe.

Alice
Kannst du dich daran erinnern, wie es war, als du zum ersten Mal auf Menschen schießen musstest?

Maud
Ich fühlte mich schrecklich, aber ich konnte nichts machen. Ich habe mich einfach nur verteidigt. Ich ging an die Front zum Kämpfen, aber ich sah niemals einen Menschen, den ich tötete. Ich schoss, aber wusste nicht, ob ich wirklich tötete. Ich war Soldatin, ich habe Menschen verletzt und immer mit automatischen Waffen geschossen. Deshalb habe ich nie gedacht, dass ich töte, aber ich habe im Krieg gekämpft.

Alice

Wie wurdest du von den Kommandeuren behandelt?

Maud

Sie nannten die Mädchen »The WAC« (Women's Army Corps, weibliche Hilfstruppen), weil unser Chef uns befahl, mit ihm zu schlafen, wann immer er wollte.

Was mich betrifft, ich habe immer wie ein Mann gehandelt. Manchmal kamen sie und sagten: »Captain Maud, heute Nacht schlafen wir zusammen. Ich bin der Chef, du musst mit mir schlafen.« Ich sagte immer: »Chef, du bist mein Chef, aber du kannst mich nicht kontrollieren, du kannst mir nicht befehlen, was ich zu tun habe. Wenn ich nicht mit dir schlafen will, kannst du mich nicht dazu zwingen.« Ich habe immer gesagt: »Du hast eine Waffe, ich habe aber auch eine Waffe. Lieber sterbe ich, aber du kannst mich nicht zwingen.« So haben sie mich also behandelt.

Alice

Wie ist deine Situation heute?

Maud

Ich habe viel durchgemacht, weil, stell dir vor, ich habe sieben Jahre im Krieg gekämpft und habe so viel Schreckliches gesehen. Menschen, die Hunger hatten, sterbende Menschen. Stell dir noch dazu vor, dass ich nur zwölf Jahre alt war, als ich mich den Soldaten anschloss, und heute bin ich 22 Jahre alt und habe keine Ausbildung.

Es kommt dazu, dass wir die ganze Zeit, als wir gekämpft haben, keinen Lohn bekamen. Darunter leiden wir heute noch. Die Leute, für die wir kämpften, kümmern sich nicht um uns. Sie helfen uns überhaupt nicht, das verletzt mich wirklich, denn wir haben für sie gekämpft, und wir haben sie gewählt. Die Leute wissen es, aber wir sind ihnen egal, und, ich weiß nicht, aber es macht mich wirklich traurig. Ich bedaure, dass ich mitgekämpft habe, denn ich habe nie geahnt, dass es so enden könnte. Ich dachte, wir bekommen mindestens Hilfe, aber wir bekamen nichts. Wir leiden immer noch.

Alice
Kannst du über Bilder sprechen, an die du dich erinnerst?

Maud
Im Krieg habe ich gesehen, wie sie Frauen vergewaltigten, wie sie Kinder, Mütter und Babys töteten. Ich habe gesehen, wie sie eine Menge schreckliche Sachen machten. Ich hatte irgendwie Angst, aber ich hatte keine Wahl, ich war gezwungen, mit ihnen zu gehen, wegen meinem Alter. Wir litten.

Alice
Wie haben sie dich gezwungen?

Maud
Ich sage, ich war gezwungen, es zu tun, denn, wenn ich mich ihnen nicht angeschlossen hätte, hätten sie mich und meine Familie getötet. Deshalb sage ich, ich war gezwungen, mit ihnen zu gehen. Es war die einzige Möglichkeit, mein Leben und das meiner Eltern zu retten.

Alice
Wo hast du geschlafen?

Maud

Ich schlief gewöhnlich draußen, hielt Wache für den General, seit ich zu kämpfen begann. Richtig draußen in der Kälte. Kein Bett, keine Decken, nichts. Draußen.

Alice

Träumst du?

Maud

Ja, manchmal träume ich vom Krieg, meistens träume ich vom Krieg, von allem, das ich durchgemacht habe und von gefährlichen Sachen. Ich träume auch von der schweren Zeit.

Alice

Kannst du über diese schwere Zeit erzählen?

Maud

Die ganze Zeit, während der ich kämpfte, war ich nicht bei meiner Mutter. Ich war allein, sorgte selbst für mein Essen und habe alles selbst gemacht. Ich habe nie jemanden überfallen, um an Geld zu kommen, aber ich bat Leute um Geld, ich habe gebettelt, um Essen zu kaufen. An den Tagen, an denen ich kein Geld hatte, hatte ich auch kein Essen. So habe ich also gelebt. Ich habe gekämpft und so gelebt. Kein Ort zum Schlafen. Kein Essen. Ich habe gelitten im Krieg.

Alice

Haben sie dir Drogen gegeben?

Maud

Nein.

Alice

Du warst zwölf Jahre alt, als sie dir eine Waffe gegeben haben. Hast du auch Training bekommen?

Maud

Die haben mich nicht ausgebildet. Ich habe es selbst getan. Ich habe selbst gelernt, wie man eine Waffe hält und wie man schießt. Ich habe alles, was ein Soldat tun muss, allein gelernt.

Alice

Gaben sie dir Munition?

Maud

Ich hatte sie, ich trug immer drei bis vier Magazine bei mir. Ich hatte sie bei mir. Ich trug sie immer bei mir, es war eine persönliche Angewohnheit, seit ich bei den Soldaten war und seit ich kämpfte. Es war mein persönliches Gepäck, das mich beschützte.

Alice

Kannst du mir deinen Alltag als Soldatin beschreiben?

Maud

Jeden Morgen, wenn wir aufwachten, mussten wir kämpfen gehen. Jeden Morgen gaben sie mir Munition und sagten uns, was wir zu tun hatten. Sie sagten uns, heute geht ihr auf diese Seite, heute geht ihr auf jene Seite. Also hatten wir jeden Morgen etwas zu tun, und wir hatten jeden Morgen ein anderes Programm.

Alice

Gibt es einen Tag, den du nicht vergessen kannst?

Maud

Es war der Tag, an dem sie mich zum Captain beförderten. Wir gingen an einen Platz mit dem Namen Bongmines kämpfen, es gab dort einen Hügel und darauf eine Kirche. Als wir kämpfen gingen, kamen wir den Hügel hinauf, und die Feinde kamen von der Kirche. Das war der Tag, an dem ich all mein Vertrauen verlor, es war der Tag, an dem ich dachte, ich werde sterben, weil, du musst dir vorstellen, all die Jungen, die an meiner Seite kämpften, einige starben, andere wurden verwundet, aber die Kugeln trafen mich nicht. Aber ich wurde ganz schwach, denn das Magazin war zwar gefüllt, aber das Gewehr ließ sich nicht bedienen. An dem Tag dachte ich, jetzt sterbe ich. Unsere Leute, Chefs und Generale, kamen von unten und stießen uns den Hügel runter, so kamen wir wieder zu Sinnen. Aber vorher starb die Hälfte der Jungen, und einige wurden verwundet. Aber die Kugeln trafen mich nicht.

Alice

Was bedeutet dir Gott?

Maud

Gott hat mich gemacht, Gott ist mein Retter. Seinetwegen habe ich Hoffnung, ich glaube und vertraue ihm. Alles, was ich tue, tue ich mit Gott. Es hat mir im Krieg das Leben gerettet, dass ich nichts Schlechtes wünschte. Ich habe immer Gott angerufen, bevor ich kämpfen ging, wenn ich hungrig war oder sonst irgendetwas war. Gott ist groß, ich nenne ihn großer Gott, und er half mir aus Schwierigkeiten. Wenn du immer Gott vertraust, wirst du immer beschützt sein. Er ist der Einzige, zu dem ich bete, dem ich meine Probleme anvertraue, denn er hilft.

Alice

Wann betest du?

Maud

Wenn ich Probleme habe, wenn es mir wirklich schlecht geht und ich allein bin, bete ich zu Gott und sage: »Vater, ich bin dein Kind, ich habe keinen anderen Gott, zu dem ich bete, ich bete nur zu dir, und du kennst mein Problem. Du weißt, was für mich gut oder schlecht ist, also bete ich zu dir und bitte dich, mir zu helfen.« Und wenn ich bete, wird er mir helfen, denn er ist ein Gott, der will, dass die Menschen ihm vertrauen. Du kannst so viele schlimme Sachen machen, aber solange du Gott vertraust und an ihn glaubst, wird er immer bei dir sein und dir helfen. Jeden Abend, bevor ich schlafen gehe, bete ich. Am Morgen bete ich immer, wenn ich ein Problem habe, ich spreche zum Herrn, und alles geht besser. Deshalb fühle ich, dass er die beste Person ist, der ich meine Probleme anvertrauen kann.

Ich vergesse nicht. Ich sage, dass ich Sachen durchgemacht habe, ich habe den Dschungel durchquert, ich habe im Busch geschlafen, tagelang gekämpft und schmutziges Wasser getrunken. Meine Haut war überall aufgerissen, denn es gibt im Busch eine Grasart, die die Haut aufreißt, und nachts hatte ich kein Essen, keinen Schlaf, ich bin nur durch den Busch gegangen.

Alice

Hast du Freunde verloren?

Maud

Ja, es war in Kakata, als eine Kugel meinen Freund traf. Er war gleich neben mir, nicht weit weg, als sie ihn getroffen haben. Er blutete stark und starb. Mein guter Freund, ein Junge. Es war das erste Mal, dass ich persönlich verletzt war. Danach war ich nur bei ihnen, weil es mir half, mich innerlich verletzt zu fühlen. Es gab mir Ansporn zu kämpfen, dass jemand, der mir nahe stand, getötet wurde. Ich hatte keine Beziehung zu irgendjemand anderem, weil ich anders war als alle anderen. Deshalb war ich immer bei meinem engen Freund. Wir hatten keine Liebesbeziehung, er war einfach mein bester Freund, aber er wurde im Krieg getötet.

Wir kämpften an der Front, und eine Kugel traf ihn. Wir wussten nicht, woher geschossen wurde, aber es war ein Feind, der ihn tötete. Sie erschossen ihn von hinten, als er in einem Auto war. Er verlor so viel Blut, weil sein ganzer Rücken aufgerissen war. Ich weiß nicht, was für eine Waffe sie verwendeten, aber ich sah seinen ganzen Rücken offen und kochen, wie wenn du Wasser kochst auf dem Feuer, so war sein Rücken. Und ich schrie und schrie.

Wir brachten ihn ins Krankenhaus, aber später starb er.

Nachdem wir ihn ins Krankenhaus gebracht hatten, gingen wir gleich wieder zurück an die Front. Es starben noch andere Menschen, aber ich bin nicht gestorben. Einige, die starben, waren Freunde, die ich kannte. Wir hatten zusammen gekämpft, aber ich hatte nie Zeit für sie, weil ich zu ihnen keine enge Beziehung hatte.

Alice
Kannst du dir vorstellen, Kinder zu haben?

Maud
Ja. Aber ich glaube, nicht in nächster Zeit. Aber ich kann es mir vorstellen, dass ich – ich, ich bin eine Frau, und als eine

Frau, seit ich mich kenne, war ich nie schwanger. Aber ich fühle, dass ich eines bekommen werde, sobald Gott mich für bereit hält, ein Kind zu haben. Ich werde ein Kind bekommen. Ich warte auf die Zeit, die Gott bestimmt.

Weißt du, wenn du kämpfst, kennst du die Distanz, wenn der Feind auf der einen Seite ist und du bist auf der anderen. Es hängt alles davon ab, ob Gott dich beschützt, denn wenn du sterben sollst, wirst du sterben. Manchmal waren zwanzig auf dieser Seite und zwanzig auf der anderen; wenn neunzehn auf jeder Seite sterben, werden nur zwei überleben, und wenn du überlebst, ist es Gottes Wille.

Aber die meisten, die starben, standen mit Wunderheilern in Verbindung. Ich war immer verbunden mit dem Herrn, weil ich fühle, dass er der Einzige ist, der uns aus Schwierigkeiten helfen kann, solange wir an ihn glauben. Die ganze Zeit, in der ich kämpfte, wurde ich nie angeschossen, nichts

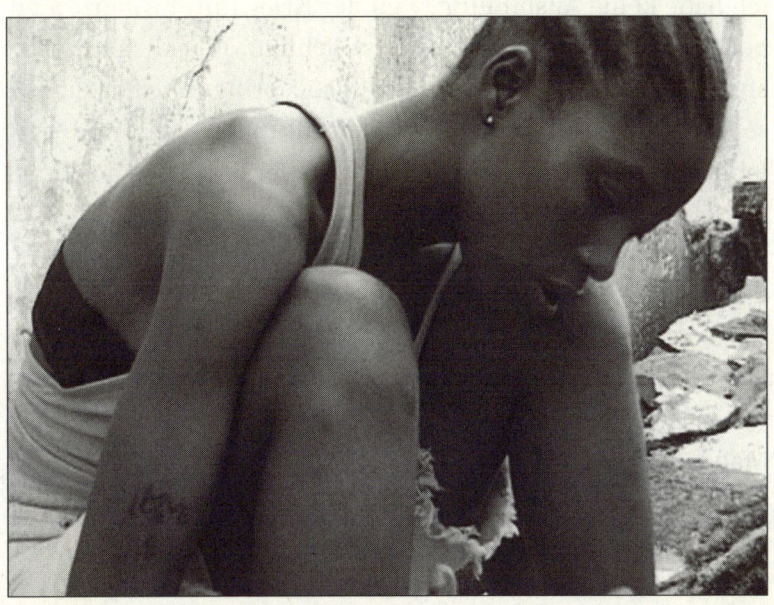

ist mir passiert, obwohl ich immer allein war, keine Mutter, kein Vater und keine Geschwister. Seit ich mich den Soldaten anschloss, war ich allein. Jetzt sind meine Eltern in der Nähe, aber ich lebe allein, weil ich daran gewöhnt bin.

Alice
Kannst du noch glücklich sein?

Maud
Ich bin nicht glücklich, denn, schau, was mich am unglücklichsten macht, ist, dass ich dachte, wir tun dies, um ihm (Taylor) zu helfen, Präsident zu werden oder so. Dann würde er uns helfen, besonders den Frauen. Aber ich kann mich jetzt an nichts freuen. Ich habe gekämpft und leide immer noch. Ich freue mich an nichts. Ich hasse es selbst, meine eigenen Leute zu sehen, wegen dem Krieg. Ich kann nicht schreiben, ich habe keine Ausbildung, weil der Krieg mir die ganze Zeit genommen hat. Ich versuche manchmal, glücklich zu sein, aber alles, was ich durchgemacht habe, bringt mich dazu, mir selbst leid zu tun. Denn ich verlor all meine Zeit, und jetzt leide ich. Deshalb, ich weiß nicht ... aber ich denke, ich brauche Hilfe.
Ich bedaure, was ich getan habe.

Alice
Würdest du dich wieder dem Militär anschließen?

Maud
Nein! Ich würde versuchen, außer Landes zu fliehen. Ich würde es nicht mehr tun. Ich möchte nicht einmal hier bleiben, falls es wieder Krieg gibt.

Alice

Kannst du dir vorstellen, wieder zu töten?

Maud

Nein! Ich, niemals, ich will daran nicht denken, ich will daran nicht mehr denken.

Alice

Zu töten?

Maud

Ja! Mir sind viele Sachen passiert. Menschen haben mich ausgenutzt. Das Wichtigste für eine Frau und einen Mann ist Ausbildung, und ich habe keine, und deshalb fühle ich mich so, als würde ich nicht leben, weil ich nicht weiß, weshalb ich lebe – ich habe keine Ausbildung, nichts. Weshalb? – Weshalb lebe ich? (Sie weint.)

Alice

Triffst du dich mit deiner Mutter?

Maud

Ich komme mit meiner Mutter nicht zurecht, deshalb besuche ich sie nicht einmal. Manchmal besuche ich sie vier oder fünf Monate nicht, ich bin es gewöhnt, allein zu sein. Allein. Ich bin nicht bei meiner Mutter aufgewachsen, ich habe mich selbst durchgebracht.

Manchmal kommt meine Mutter zu mir und weint und fragt, weshalb ich sie nicht besuche und weshalb ich mich nicht um sie kümmere. Aber ich sage ihr immer: »Entschuldige, Mam, du kannst mir dafür nicht die Schuld zuschieben, es war Krieg.« Sie darf nicht mir die Schuld geben. Ich bin gewohnt, allein zu sein, alles allein zu tun. Ich bin es nicht gewohnt, sie und Vater um mich herum zu haben. Dann weint sie.

Alice

Erinnerst du dich an den Tag, als der Krieg aufhörte?

Maud

Ich erinnere mich an das letzte Jahr, als ich aufhörte zu kämpfen und der Krieg zu Ende ging. Erst entschloss ich mich, als Bodyguard die hohen Offiziere zu begleiten; ich trug eine Uniform wie die anderen. Überall, wo sie hingingen, ging ich auch hin, bis ich sie verließ und nach Monrovia kam.

Alice

Wie verdienst du dein Geld?

Maud

Manchmal vermittle ich den Männern Frauen, und sie geben mir dafür Geld. So überlebe ich. Oder ich gehe umher und treffe Investoren oder andere hohe Regierungsmitglieder, Libanesen, und ich vermittle ihnen Frauen, wofür sie mich bezahlen. So lebe ich.

Alice

Was für Frauen?

Maud

Frauen von der Straße. Es gibt viele Frauen, die auf der Straße etwas zum Überleben suchen.

Glasgow
22 Jahre alt

Soldat als
12– bis 19-Jähriger

Glasgow

Ich erinnere mich, es war am Nachmittag, denn am Morgen dösen wir. Manchmal kämpfen sie, und abends ist die Zeit, zu der alle bereit sind, sich in ein anderes Gebiet zu begeben. Wir entschlossen uns zu fliehen, weil die Kugeln überall umherflogen. Eine Frau entdeckte meinen Vater und sagte, dass er ein Mandingo sei, und als sie ihn von uns wegschleppten, töteten sie ihn mit einem Messer. Seit dieser Zeit weiß ich nicht, wo meine Familie geblieben ist. Ich habe versucht, sie ausfindig zu machen, aber ich habe nichts mehr von ihnen gehört.

Mein Vater wurde auf eine schreckliche Weise umgebracht. Sie fesselten ihn. Wir waren in Gruppen unterwegs. Sie haben ihn gepackt, zogen ihm sein Hemd aus, fesselten ihn, dann trugen sie ihn und riefen: »Wir suchen Mandingo, wir werden dich töten, weil du ein Mandingo bist.«

Mein Vater sagte ihnen, dass er kein Mandingo sei, aber sie sagten, er sei ein Mandingo, und wir konnten nichts tun, nicht einmal mehr reden. Sie nahmen ihn und schnitten ihm mit einem Messer die Kehle durch. Sie zerrten seinen Körper weg und warfen ihn einfach in die Gosse. Keiner von uns konnte dorthin gehen, sie hätten auch uns für Mandingo halten können und hätten uns auf die gleiche Weise abgeschlachtet. Meine Mutter entschied, dass wir flüchten müssten.

Zu dieser Zeit war ich noch klein. Ein Kämpfer nahm mich mit. Mein Name Glasgow ist ein Kriegsname. Der Kämpfer, der mich mitnahm und mich getragen hat, hieß Glasgow. Er brachte mir das Schießen bei und auch, als kleiner Soldat immer hinter ihm zu sein. Ich folgte ihm überall hin. Aber er wurde getötet, weil er dem Feind Munition und Waffen verkaufte.

Mein Vater ist tot. Verstehst du, sogar wenn ich schlafe, sehe ich ihn. Ich will zu ihm gehen. Wenn ich schlafen gehe, sehe ich mich zusammen mit meinem Vater, als sie ihn weggeschleppt haben. Ich schrecke manchmal aus dem Schlaf, wache auf. Mein Freund fragt mich, was los sei. Ich sage ihm, nein, nichts. Er legt sich wieder hin und schläft.

Einmal, in meinem Traum, ist mein Vater zu mir gekommen. Er sagte mir, dass ich mir keine Sorgen machen solle. Er würde für mich sorgen, für mich, in meinem Traum. Er trug Bauernkleider und einen Stock in der Hand. Weißt du, im Traum machten wir uns Sorgen um ihn. Er rief mich und sagte mir: »Mein Sohn, komm.« Ich ging zu ihm. Er nahm meine Hand und sagte mir: »Mach dir keine Sorgen. Ich will tun, was ich kann, und ich will dafür sorgen, dass aus dir einmal etwas wird. Du bist mein Sohn. Aber vergiss nicht, dich um deine Geschwister zu kümmern.« Aber ich sagte ihm, dass ich nicht weiß, wo sie geblieben sind. Ich bin traurig, wenn ich sehe, wie andere von ihrer Mutter, ihrem Vater besucht werden. Oh, meine Mutter kommt nicht. Mein Vater kommt nicht. Ich bin allein.

Manchmal träume ich zum Beispiel davon, wie wir an die Kriegsfront gehen. Oder ich träume, wie wir zusammen essen. Wir sagen: »Oh, wir gehen kämpfen.« Dann renne ich auf und ab, renne, quäle mich, schreie sogar in meinem Traum, bis sie mich aufwecken und fragen, was los ist. Aber weißt du, wenn du schläfst, weißt du nicht, was passiert, außer jemand erzählt es dir. Sobald du schläfst, rennt jemand im Schlaf hinter dir her, um dich zu fangen, und sie erwischen dich nicht. Aber sie jagen dich. Die strecken sogar ihre Hand nach dir aus, um dich zu fangen, aber sie können dich nicht fassen. Es wird dann so sein, dass du so lange schreist, bis du davon aufwachst.

Als wir im Busch kämpften, gaben sie uns Kommandos. Wir liefen und liefen und liefen. Wir hatten nur Mehl bei uns. Wenn wir müde waren und hungrig, haben wir das Mehl eingeweicht und Wasser getrunken.

Oft reisten wir auf dem Wasser. Und oft träume ich, dass ich durchs Wasser gehe. Mein Vater kommt zu mir, im Traum nimmt er meine Waffe und sagt: »Was tust du mit dieser Waffe? Ich sagte dir, dass du das Ding zurückgeben sollst.« Weißt du, das Einzige, was ich dir sagen werde, ist, dass mein Vater getötet wurde, und dann habe ich Zeit zum Sterben.

Alles dies hätte mir nie passieren dürfen. All diese Dinge bringen mich durcheinander, so dass ich sogar im Schlaf von meinem Vater träume. Er tat alles für mich. Ich hatte zu essen und ging zur Schule. Heute würde ich gerne zur Schule gehen, aber keine Chance. Ich denke an Essen, es gibt kein

Essen, an Kleider um sie zu tragen, keine Kleider, keinen Ort zum Schlafen.

Wenn du gefangen genommen wirst, verstehst du, im liberianischen Bürgerkrieg gaben uns die Leute Drogen, als wir sehr klein waren. Wir nehmen weiterhin Drogen. Man sieht einige, die Drogen nehmen. Was mich angeht, sie gaben mir Drogen, damit ich hingehe und in ihrem Krieg kämpfe. Wenn du Drogen nimmst, macht dich das so normal. Auch wenn sie dich schlagen, du fühlst nichts. Sogar in schwierigen Momenten bekamen wir nichts mit, außer vielleicht, wenn wir verwundet wurden oder schon starben, okay, du stirbst, du wirst es nicht wissen, denn diese Drogen sind zu stark. Und wenn wir diese Drogen genommen hatten, wirkten sie manchmal eine Woche lang. Wir dachten auch nicht an Schlaf. Wir mussten nur deren Krieg führen. Verstehst du.

Wenn du Drogen nimmst, verändert das wirklich deine Gefühle, deine Empfindungen. Man kann nicht sagen, dass man dann noch ein normaler Mensch ist, du kannst nicht abschätzen, ob du in Gefahr bist, okay. Mit Drogen hast du keine Gefühle.

Ich hatte Angst, sie zu nehmen, weil unser Anführer uns Drogen brachte. Drogen in Zigaretten, Haschisch in Cane juice (Zuckersaft), Reis mit Schießpulver, Tabletten. Wenn du eine Woche Drogen genommen hast, bist du daran gewöhnt. Du willst nirgendwohin gehen, du denkst gar nicht daran, irgendwohin zu gehen, zu sagen, ja, ich will mich ausruhen. Das Einzige, was du weißt, ist, dass du bereit sein musst, loszugehen, sobald du Schüsse hörst. Kein Schlaf. Du kannst sogar eine Woche lang nicht schlafen. Und dann bringen sie dir Tabletten, setzen dich wieder unter Drogen, bevor die Wirkung abgeklungen ist. Wir haben diesen Krieg wirklich zu ihrer Zufriedenheit gekämpft.

Heute sind wir abhängig. Heute muss ich Drogen haben. Weißt du, wenn du klein bist und wenn dir jemand, zum Beispiel die eigene Mutter, Reis gibt, dann gewöhnst du dich daran und willst immer Reis essen. Manchmal machst du Spaß mit deinem Freund, und du tötest ihn, ohne darüber nachzudenken. Dann schreckst du auf und merkst, dass du ihn gerade getötet hast. Die Drogen können dich auf die merkwürdigsten Abwege bringen.

Einige nehmen Drogen, um Menschen zu töten, sie nehmen ihnen die Eingeweide heraus und machen aus ihnen Sperren. Sie sagen, das ist unsere Sperre, niemand darf hier durch. Wir sehen Menschen, die über die Bäuche spekulieren, Bäuche schwangerer Frauen. Sie sagen: »Hier ist ein Junge drin.« Der andere sagt: »Nein, ein Mädchen.« Sie gehen sogar so weit, dass sie die Frau töten, um zu sehen, was für ein Kind sie in ihrem Bauch trägt.

Also, siehst du, all diese Dinge tun sie, bevor sie zu sich kommen und merken, dass sie etwas Schlimmes tun. Außerdem haben sie bei dem, was sie getan haben, keine Disziplin. Dann kommen die Anführer und sagen: »Hier sind mehr Drogen und mehr Munition.« Sie versprechen dir: »Nach dem Krieg werden wir euch Camps bauen können, so dass ihr kostenlos zur Schule gehen könnt, und wir werden dafür sorgen, dass jede und jeder von euch zumindest eine Bleibe bekommt. Wir wissen, ihr werdet nicht immer jung bleiben. Morgen werdet ihr älter sein, aber ihr müsst Wurzeln schlagen und in eurem Land bleiben, und wir werden dafür sorgen, dass wir euch nach dem Krieg Land geben können.«

Und heute, siehst du, was die Menschen unruhig macht, ist, dass sie davon sprechen, nach Sierra Leone zu gehen. Deshalb gehen viele der jungen Leute weg von hier, weil wir hier nur herumsitzen, wir haben hier nichts zu tun. Als wir im Busch waren, spielten sie mit uns, wir aßen zusammen, wir haben alles zusammen gemacht, aber heute kannst du nichts sehen.

Wenn heute wieder jemand Krieg machen würde, ich würde ihnen sagen, dass ich nicht mehr für sie kämpfen kann. Ich wäre nicht einmal so verrückt, auch nur eine Waffe zu nehmen und wieder zu kämpfen, denn ich hatte bis jetzt nichts davon, außer dass ich ein Krüppel geworden bin.

Wir Veteranen haben unsere Lektion gelernt. Ich glaube nicht, dass jemand kommen und uns zum Besten halten kann. Wir werden nicht mehr für die Reichen kämpfen!

Die Drogen, kann ich sagen, haben den meisten von uns den Verstand zerstört, okay. Heute leben wir deshalb unter Drogen, aber die Drogen, die sie uns gaben, geben sie uns nicht mehr, und wir können sie nicht erbitten. Aber wir be-

nötigen sie, weil wir schwer verwundet sind, wir haben Tag und Nacht Schmerzen. Manchmal öffnen sich meine Schusswunden.

Ich habe vor allem nachts Schmerzen. Meine Arme und Füße schwellen an und öffnen sich. Es liegt bei Gott, zu entscheiden, wann es passieren soll, aber heute denke ich, wenn ich sterbe, wird keiner kommen und sagen, das ist mein Kind. Nur meine Freunde von der Veteranenorganisation, möglich, dass sie kommen, um mich zu beerdigen und so weiter. Manchmal fragen wir bei den Nichtregierungsorganisationen nach Drogen.

Wenn ich die Möglichkeit hätte, zur Schule zu gehen, könnte ich vielleicht eines Tages Minister werden. Oder ich könnte Senator werden, ich könnte auch Präsident werden, morgen, okay, niemand kann die Zukunft voraussagen.

Damals waren wir noch klein, okay, weißt du, es ist nicht schwer, ein kleines Kind übers Ohr zu hauen, wir waren damals noch minderjährig.

Ich gehe vor allem deshalb auf die Straße, weil, wenn ich zu Hause bleibe und morgens aufwache, nichts zu essen da ist. Die First Lady der Republik Liberia könnte Waisenhäusern Reis geben (ein Kinderfürsorgesystem). Ich weiß, dass sie im Ausland für uns Veteranen spricht: »Ich helfe so und so vielen Veteranen!« Und wenn sie nach Hause kommt, bekommen wir nichts.

So gehen wir früh morgens raus, um unsere Leute zu sehen. Wir waren mit ihnen zusammen und wissen, dass wir Minister aus ihnen gemacht haben. Einige sind heute sogar Senatoren. Um wenigstens mit ihnen zu sprechen. Aber immer, wenn wir zu ihrem Büro kommen, schauen sie uns mit einem merkwürdigen Gesichtsausdruck an, als würden

sie uns nicht kennen. Wir schämen uns, auf der Straße stehen und betteln zu müssen und zu hören: »Da sind sie, sie kommen wieder, die Bettler!«

Wie kann dieses Betteln gestoppt werden? Unser Trauma muss geheilt werden, wir brauchen eine Ausbildung, in dieser Gesellschaft braucht man eine Ausbildung. Obwohl wir verwundet sind, meine ich, dass wir noch gebraucht werden können. Aber wer wird uns zeigen, dass wir gebraucht werden? Wir können nicht einfach dasitzen und sagen, ja, uns kann man brauchen, nein! Wir müssen etwas unternehmen, um uns selbst zu helfen. Man sagt, wenn man einem Mann das Fischen beibringt, wird er morgen selber Fische fangen können.

Aber jetzt sitzen wir hier herum, bevor dem Mann das Fischen überhaupt beigebracht wurde. Zeige jemandem, wie

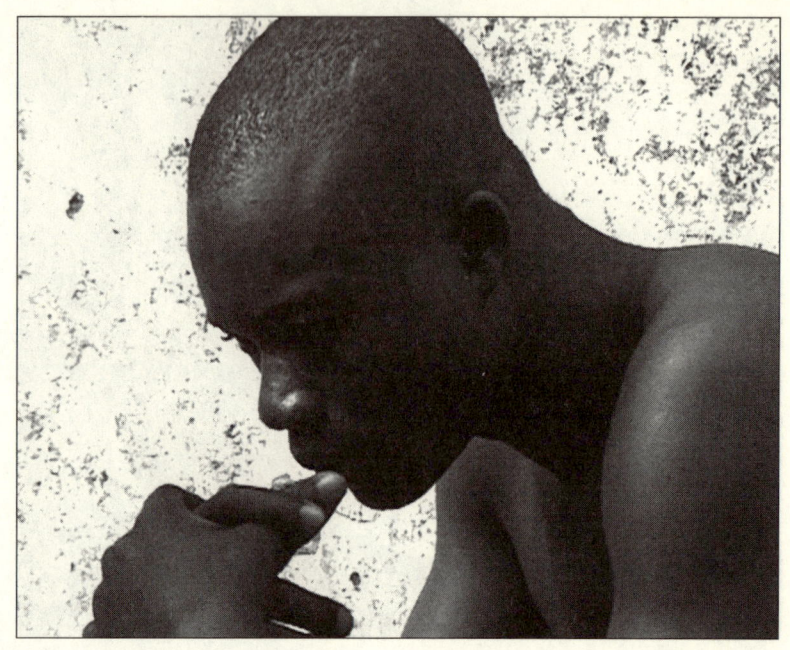

man den Köder an der Angel befestigt und ins Wasser wirft. Dann wird er zumindest am nächsten Morgen, wenn er allein zurückkommt, sagen: »Oh, mein Boss oder mein Lehrer hat es so gemacht, lass es mich also auch so machen, vielleicht funktioniert es.« Aber wir haben keine Unterstützung. Nicht einmal vom Präsidenten. Möglich, dass die Kugel, die ihn hätte treffen sollen, uns getroffen hat. Wenigstens sollte er sich für uns interessieren.

Ich kenne ihn, wir haben sogar zusammen aus einem Topf gegessen. Er strich über meine Haare und machte mir unzählige Versprechungen. Ich kenne ihn gut. Und ich weiß, dass er mich kennt. Auch wenn der Krieg Scheiße war, saß er mit uns zusammen, wir haben gekocht. Während wir Reis kochten, saßen wir einfach zusammen. Er saß und aß mit uns zusammen, und er hat uns aufgemuntert. Wirklich, er hat so mit

uns gesprochen, dass wir glaubten, dass sich für uns alles zum Guten ändern wird, sobald er nur Präsident ist. Er würde ein Präsident für alle sein. Aber heute sehen wir kein Zeichen von Ansporn oder Unterstützung. Seit er Präsident der Republik Liberia ist, hat er nie gesagt: »Okay, heute gehe ich mich mit den Veteranen unterhalten.« Die meisten der Jugendlichen haben für ULIMO-K gekämpft. Heute sind wir hier alle zusammen, die von der ULIMO-J, LPC, Coalition Force, Defense Force und der Lofa Defense Force. Es gibt keinen Unterschied mehr zwischen uns.

Heute wissen wir, dass die Anführer der verschiedenen anderen Gruppen die Wahlen verloren haben und ins Ausland gegangen sind, aber sie könnten auch sagen: »Ja, die Menschen haben mit uns gelitten, lass uns versuchen, die Dinge in Ordnung zu bringen und unseren Kindern zu helfen.« Wenn wir sehen würden, dass sich so etwas ereignet, wären wir sehr glücklich. Aber seit dem Krieg ist nichts in dieser Richtung geschehen. Der eine geht hier lang, der andere da lang, jeder für sich allein.

Deshalb, weißt du . . . meine Zukunft war voller Licht. Aber heute scheint kein Licht mehr. Es ist alles dunkel. Ich hoffe, jemand bringt sie wieder zum Leuchten.

Ich habe gehört, dass unser Haus, das wir in Lofa haben, niedergebrannt wurde und dass meine Mutter und andere versuchen, herüberzukommen, aber im Moment nirgends bleiben können. Sie versuchen, eine Küche zu bauen, in der sie leben können. Wir haben sieben Jahre gekämpft, jetzt ist der Krieg zu Ende, jetzt warten die Leute auf uns, zumindest sie sind dort unten und sagen, dass ihre Kinder bald zurückkommen werden.

Sie erwarten, dass wir zurückkommen. Wenn du zurückgehst, musst du mindestens Geschenke mitbringen, aber jetzt, jetzt haben wir hier in Monrovia nicht einmal einen Platz zum Schlafen. Was sollen wir unseren Leuten zurückbringen? Es bringt uns in Verlegenheit, wir schämen uns vor unseren Leuten, so dass viele nicht einmal zurückgehen. Und dann haben uns einige unserer Leute im Stich gelassen. Sie haben uns sicher im Stich gelassen, weil wir für sie ein Problem sind. Einige von uns sind blind, einige sind Krüppel, unsere Hände sind weg, unsere Füße weg. So sollen wir zurück zu unseren Leuten. Als junger Mann erwartet man von dir wenigstens, dass du deinen Leuten für ein bis zwei Tage bei der Landarbeit hilfst, oder wenigstens hilfst, die Küche zu flicken oder sonst irgendwas. Jetzt bist du nicht einmal fähig, dein eigenes Wasser zu tragen für ein Bad, sogar beim Essen brauchst du Hilfe.

Die Kriegsführer haben uns versprochen, dass wir nach dem Ende der Revolution Ausbildung, Wohnung und vieles mehr bekommen. Einige von ihnen haben uns getötet, wenn wir uns geweigert haben, mit an die Front zu gehen. Sie haben uns getötet. Sie haben unsere Freunde getötet. Sie sagten uns:»Unser Motto ist ein Maximum an Toten und Zerstörung in einem Minimum an Zeit.« Heute fahren sie vornehme Autos, und wenn wir sie anhalten, kurbeln sie die Scheiben hoch.

Präsident Taylor kam und redete mit uns, wie er es immer tat, er spielte mit unseren Köpfen, als wir im Krieg kämpften. Wenn wir dasaßen, kam er und spielte mit unseren Köpfen und sagte:»Los, beweg dich. Ich will, dass du dich bewegst, wenn du diese Gegend eroberst, mache ich dich zum General. Ich werde dir Autos geben, ich werde dir viele Dinge geben.« Wir sahen unsere Brüder sterben. Aber jetzt, nichts, keine Hilfe, nichts. Wir haben sie an die Macht gebracht, und sie haben uns vergessen.

Die Kugel, die den Präsidenten hätte treffen sollen, tötet heute uns. Wir haben Charles Taylor wirklich für unseren Vater gehalten. Ich kann mich erinnern, wie er sagte:»Los, ich will, dass du in diese Gegend gehst und diese ganze Gegend zerstörst. Ich will es über BBC hören.« Wir haben es getan und haben unsere Freunde verloren. Wir haben sie beerdigt, und dann, und dann, hier sind Zigaretten, hier Opium, und hier Cane juice. Wir gingen weg und tranken den ganzen Tag, wir rauchten, wir feuerten, feuerten, feuerten.

Er sagte, heute seid ihr an der Reihe, für mich die Schlacht zu schlagen. Wenn ich einmal Präsident bin, wird es an mir sein, für euch zu kämpfen.

Ich hatte zwei gute Beine, und jetzt ist eines dahin. Heute bekomme ich nicht mal Reis zu essen. Deshalb sind wir wütend. Manchmal gehen wir auf die Straße und beschließen sogar, sie zu töten. Aber ich weiß, eines Tages wird Gott diese ganze dämonische Situation zerstören, diesen ganzen dämonischen Plan. In einer Minute wird Gott alles zerstören. Heute beten wir alle, dass wir nie wieder so missbraucht werden wie früher. Okay.

Wir beten also, dass wir andere Leute bekommen, die fähig sind, uns aus unserer Not zu helfen und uns in der Gesellschaft zu helfen. Damit wir alle in der Gesellschaft zu etwas nützlich sind. Deshalb haben wir uns endlich organisiert, um in der Gesellschaft nützlich zu sein, und uns zum National Veterans Assistance Program zusammengeschlossen.

Meine Mutter hat mir gesagt, ich werde hier nicht bleiben, denn was ich hier sehe und was ich sonst vielleicht sehen werde, treibt meinen Blutdruck so in die Höhe, dass ich sterben werde. Deshalb gehe ich.

Wir werden Gott für unsere Sünden um Vergebung bitten, wir haben in vielem gesündigt. Wir hätten diese destruktiven Anweisungen nicht befolgen sollen. Aber wir waren alle blind. Ich kann dich nicht anlügen, wir waren jung, und das Opium, die Zigaretten – immer, wenn wir Munition holten, nahmen wir auch Drinks, alle diese Dinge machten uns krank.

Alles hier verletzt uns manchmal sehr. Aber wir werden geduldig sein, Gott wird alles zum Guten wenden, okay? Man sagt, ein grünes Blatt wird nicht ewig am Baum hängen, eines Tages kommt es runter.

Wieso heiratete die First Lady den Rebellenführer? Das möchte ich sie manchmal gerne fragen.

John

17 Jahre alt

Soldat als
7- bis 15-Jähriger

Alice

Bitte sag mir deinen Namen.

John

Zuerst einmal, ich heiße John Tyson.

Alice

Du bist ein Veteran. Kannst du dich an dein Alter erinnern, als alles anfing?

John

Ich begann 1992 zu kämpfen, am 18. September. Ich war sieben Jahre alt, als ich Soldat wurde.

Alice

Und du hattest eine Uniform?

John

Ich war ein MP, ein Militärpolizist. Wir waren da, um die Situation unter Kontrolle zu halten. Zum Beispiel, wenn irgendwelche von unseren Freunden weggingen und Schwierigkeiten machten, waren wir die Einzigen, die hingehen und sie unter Kontrolle bekommen konnten. Wir sahen zu, dass alles in Ordnung war.

Alice

Heute überfallt ihr Autos.

John

Ja, das tun wir aus einem bestimmten Grund. Heute sind wir Veteranen. Und siehst du, im Krieg haben wir alle diese Dinge gemacht. Als wir im Krieg gekämpft haben, hatten wir die ganz, ganz großen Leute, unsere Anführer, die damals zu uns kamen, um uns dazu zu ermuntern.

Alice
Du meinst die Rebellenführer.

John
Die Rebellenführer. »Wenn du dies machst, wenn du das machst, werden wir nach dem Krieg dies und das für dich tun können. Wir können dich dann zur Schule schicken, damit du etwas für dich lernen kannst, zu deinem Besten.« Aber jetzt ist alles vorbei, und es gibt nichts, das sie für uns tun können. Wir versuchen, ihnen auf der Straße hinterherzurennen, aber sie können uns nicht helfen, und jetzt leiden wir. Wir haben schlimme Probleme. Die können nicht zu unserer Hilfe kommen. Also weißt du, deshalb haben wir uns entschieden, sie zu überfallen, so dass sie sich erinnern, was sie uns versprochen haben, als wir für sie kämpften. Du kennst alle diese Dinge – es ist einfach etwas, das dir wehtut, wenn du darüber nachdenkst.

Ich zum Beispiel, ich habe im Krieg meine Mutter, meine beiden Brüder und meinen Vater verloren. Heute bin ich ein Opfer. Siehst du, ich kann nichts für mich tun, und ich bin soweit zu sagen, ich muss eine Schaufel nehmen oder Dreck schippen, um mein tägliches Brot zu bekommen. Ich bin jetzt von ihrer Unterstützung abhängig, und die können nicht kommen, um uns zu helfen.

Deshalb, wenn wir sie in den Autos sehen, in diesen riesigen, riesigen Autos – an manchen Tagen fühle ich mich verletzt, weil wir sie dorthin gebracht haben, und sie können nicht kommen, um uns zu helfen.

Deshalb versuchen wir, sie zu stören – sie zu blamieren –, sobald wir sie sehen, damit sie wissen, dass wir einiges durchgemacht haben, bevor sie überhaupt da waren, wo sie jetzt sind. Und bevor sie dahin kommen konnten, waren wir diejenigen, die sie dahin gebracht haben. Obwohl wir jung waren, jung damals, aber wir haben es versucht, wir gaben alles, bevor sie da waren, wo sie heute sind.

Alice

Kannst du dich an den Tag erinnern, als du Soldat wurdest?

John

Sie waren überall, um uns zu jagen. Sie sagten, wir sollten uns ihnen anschließen. Wenn wir nicht mit ihnen gingen, sollten wir nicht mehr in unserer Gegend schlafen. Also habe ich mich einfach entschlossen, mich ihnen anzuschließen, um einen Teil von meinem Leben zu retten, damit ich in Sicherheit war. Sie machten viele Versprechungen. Heute leiden wir. Stell dir vor, ich muss überall betteln gehen, um täglich etwas zu essen zu haben.

Manchmal sieht mich jemand auf der Straße, kommt mir zu Hilfe und sagt: »O Sam, komm, du bist zu jung, um so zu leben, ein gut aussehender Junge wie du.« Sie helfen mir mit einer Kleinigkeit, damit ich überleben kann. Weißt du, all diese Dinge, wenn ich an all die Versprechen denke, die diese hohen, hohen Leute uns gemacht hatten, als wir kämpften, fühle ich mich verletzt, denn immer wenn ich sie sehe, schmerzt es mich. Ja, was die uns versprochen haben, das können sie nicht halten. Sie können uns nicht helfen, und sie denken nicht: »Als diese Kinder bei uns waren, haben wir ihnen Sachen versprochen, und wir hätten sie auch tun sollen.« Aber seitdem gibt es nichts Gutes, was sie für uns tun können.

Ich meine, wir leiden. Deshalb, wenn man heute auf der Straße Veteranen sieht – wir nennen uns Veteranen, weil wir jetzt versehrte Menschen sind –, dann können wir nichts für uns tun, wir sind einfach überall. Wenn du eine verwundete Person siehst, wie mich, die Schwierigkeiten macht, würde ich sagen, dass das nichts Ungewöhnliches ist. Es ist schon oft passiert, weil unsere Anführer uns versprochen haben – sie haben versprochen, etwas für uns zu tun, und haben es nie getan.

Ich bin frustriert. Das Einzige, worum ich bete, dass ich es nie tun werde, ist, eine unschuldige Person zu überfallen, die mir niemals versprochen hat, die mir noch niemals versprochen hat: »Wenn du diesen Krieg gewinnst, werde ich dies und das für dich tun.« Aber die Personen, die mir versprochen haben, wenn du dies tust, tue ich das für dich, die werden wir immer in den Straßen überfallen.

Manchmal, wenn man auf die Straße geht, kann man eine große Gruppe von Versehrten sehen, die Aufruhr veranstalten. Wir fühlen uns jedes Mal verletzt, wenn wir sie sehen. Deshalb machen wir immer Krawalle auf der Straße. Ich bedaure alles, wenn ich sie sehe. Aber seit dies alles passiert ist und sie nicht kommen, um uns zu helfen, rennen wir hinter ihnen her, und immer wieder hinter ihnen her, immer wieder. Wir haben sogar was im Radio darüber gebracht, wie alles passiert ist, wie es passiert ist, aber es gibt niemanden, der hilft.

Manchmal sogar den Präsidenten selbst, wir greifen sogar den Präsidenten an. Siehst du, all diese Dinge, wir fühlen uns so verletzt, dass, wie die Leute vom Land sagen: Du kannst einen Teufel nicht ordentlich anziehen und ihn auf die Straße bringen und ihn dazu bewegen, sich zu schämen.

Melvin

22 Jahre alt

Soldat als
12- bis 18-Jähriger

Alice

Hallo, hast du einen Namen?

Melvin

Oh, der einzige Name, den ich im Krieg hatte, war Melvin; es ist der einzige Name, den ich immer benutze.

Alice

Kannst du über deine Vergangenheit nachdenken?

Melvin

Natürlich. Ich denke an die Tage in meinem Leben, als ich frei umherging. Als ich Dinge tat, die mir gefielen. Aber als der Krieg kam, habe ich entschieden, nicht rumzusitzen und nur Nachteile zu sehen. Deshalb habe ich mich der Revolution angeschlossen, ich wurde Teil der Revolution. Und alle, die diesen Krieg führten – das, was sie alle zu uns sagten, war, dass wir es nach dem Krieg zu etwas bringen würden. Aber heute ist der Krieg vorbei, und ich kann nicht mehr sehen. Ich bin blind. Nur die internationalen Nichtregierungsorganisationen kommen uns zu Hilfe. So ist das heute.

Alice

Träumst du manchmal von der Vergangenheit?

Melvin

Ich träume oft, dass ich in Reichtum lebe. Manchmal sehe ich mich auch in Gefahr. Ich weiß nicht, weshalb diese Dinge wirklich geschehen sind. Und manchmal, wenn ich so dasitze, denke ich über meine Vergangenheit nach und meditiere darüber. Das sind also die schrecklichen Träume, die ich manchmal habe.

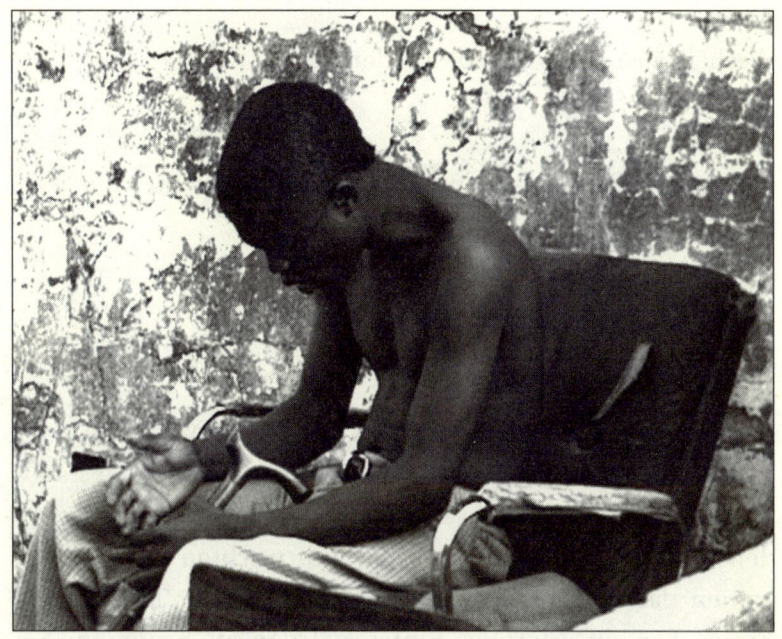

Manchmal denke ich über mein Leben nach. Wie ich selbständig Dinge tat, wie ich frei mit meinen Freunden umherzog, wie wir zusammen etwas unternahmen. Aber heute kann ich nicht mehr sehen und kann das nicht mehr machen.

Alice
Was wird jetzt passieren?

Melvin
Ich denke daran, wie es früher einmal war. Ich spielte Fußball mit meinen Freunden. Du weißt schon, ich traf mich mit Freunden, um etwas zu tanzen, um in die Schule zu gehen, um mit ihnen umherzugehen. Aber das ist heute in meinem Zustand unmöglich.

Alice

Weshalb bist du Soldat geworden?

Melvin

Ich habe gekämpft, um mein Land und mich zu schützen.

Alice

Und wie war es im Feld als Soldat?

Melvin

Ich erinnere mich manchmal an die Front. Wir liefen zwei oder drei Tage, einfach nur laufen und angreifen, oder Essen beschaffen. Manchmal war die Reise nicht leicht. Wir wurden müde, schliefen im Busch, dann wachten wir auf und kamen dahin, wo wir hinwollten, und es war nicht leicht. Einige von uns starben. Einige wurden zu Krüppeln. Sie haben Freunde von uns gefangen, und heute leben nur noch einige von uns. Wir sind froh, überhaupt noch am Leben zu sein.

Alice

Hast du Drogen genommen?

Melvin

Bevor ich an die Front ging, habe ich Drogen genommen, so dass ich nicht fühlte, was vor sich ging. Ich trank Alkohol, um nichts zu fühlen, wenn ich an der Front war.

Alice

Kannst du deinen Unfall beschreiben?

Melvin

Ich war der Anführer der Männer an der Front. Als ich die Männer an die Front begleitete, haben wir mehr als neun Stunden lang gekämpft. Aber überraschend wurde ich um zwei Uhr morgens getroffen und verletzt, ein Kaliber zerstörte meine Knochen und meine Augen.

Der Krieg, der über dieses Land kam, hat Leben und Eigentum zerstört, jetzt bin ich ein Krüppel. Früher, wenn ich in mein Dorf kam, habe ich meine Großmutter begleitet. Wenn sie aufs Feld ging, ging ich mit. Wenn die Leute in den Busch gingen, ging ich mit, und ich schnitt Palmnüsse, um mich zu ernähren. Heute kann ich das nicht mehr.

Alice

Was haben sie dir versprochen, wenn du kämpfst?

Melvin

Wenn wir unsere Feinde besiegen, bekommst du eine kostenlose Ausbildung, Medikamente gratis, eine monatliche finanzielle Unterstützung und noch viel mehr. Sie haben uns so viel gesagt – dass wir freie Bürger sein würden. Dass wir Zugang zu Dingen haben würden, die lebensnotwendig sind. Aber heute kann ich mich nur daran erinnern, dass alles, womit die Regierung uns helfen kann, ein klein bisschen Reis ist, und ich bin dankbar dafür.

Manchmal hatte ich kein Essen. Ich nehme Nahrung von ihnen, um zu essen. Du bist nicht einverstanden. Ich musste es tun, weil es notwendig ist, dass der Mensch isst. Weil ich glaube, dass ich für sie gekämpft habe.

Alice

Bist du an einem Checkpoint angegriffen worden?

Melvin

O nein! Ich war immer an der Front, nur manchmal habe ich meine Freunde an einem Checkpoint besucht. Was hätte ich sonst auch an einem Checkpoint zu suchen gehabt?

Alice

Herzlichen Dank, Melvin.

Melvin

Ich danke dir.

Josephine

21 Jahre alt

Soldatin als
12- bis 19-Jährige

Alice

Kannst du dich daran erinnern, wie der Krieg begann und du Soldatin wurdest?

Josephine

Ich war acht Jahre alt, als ich meine Geschwister verließ und zu meinem Onkel ging, um die Schule zu besuchen. Als der Krieg kam, ging er weg und ließ mich allein zurück. Ich begann, mich allein durchzuschlagen. Ich reiste allein mit Freunden. Wir kamen hinter die Grenzlinie und wurden verhaftet. Sie sagten, ich sei ein (unverständlich). Aber ich bin eine Krahn. So begannen sie mich zu quälen. Während der Befragungen kam ein anderer Mann und sagte ihnen, sie sollen mich lassen. Aber sie sagten: »Nein.« Sie haben mich weiter festgehalten und haben unglaublich Schreckliches mit mir gemacht. Sie haben mich vergewaltigt, und furchtbare

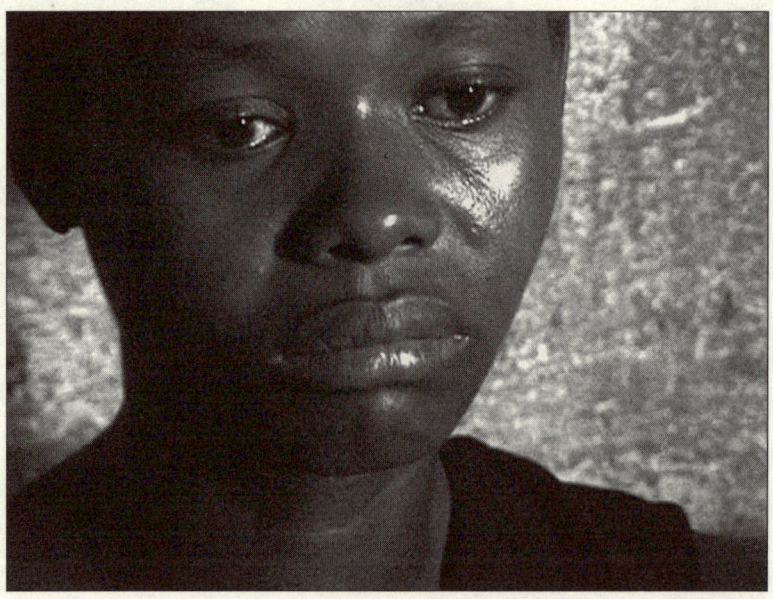

Sachen mit mir gemacht. Ich sah, dass es für mich um Leben und Tod ging, und beschloss, mich ihnen anzuschließen. Ich habe im Krieg gekämpft. Ich ging an die Front. Ich habe gegen Menschen gekämpft, und ich habe Menschen getötet. (Lange Pause)

Alice
Wie?

Josephine
Ich habe sie erschossen.

Alice
Kannst du deine Waffe beschreiben?

Josephine
Die Waffe, die ich benutzte, war sehr kurz. Manchmal benutzte ich eine Beretta.

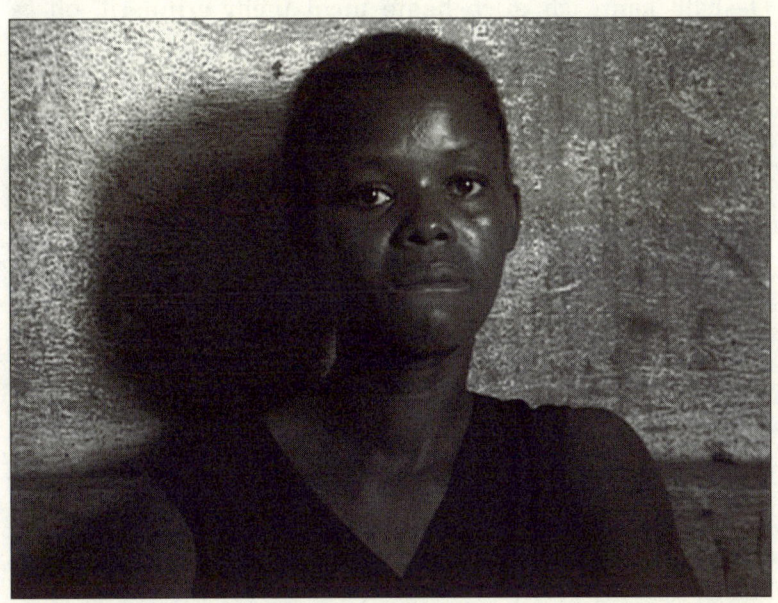

Alice

Bedauerst du, was du gemacht hast?

Josephine

Ja. Noch heute tut es mir leid. Wieso musste ich kämpfen? Weshalb musste ich töten?

Alice

Kannst du dich an die Menschen erinnern, die du getötet hast?

Josephine

Ich kann mich nicht wirklich erinnern. Alles das geschah an der Front. Jetzt kann ich mich nicht erinnern, denn es war mitten im Kampf und unter Feuer. Und ich, ich sagte mir, ich habe etwas getan, ich habe Menschen ihr Leben genommen. Deshalb kann ich mich heute nicht mehr erinnern, ob es Frauen, Männer oder Kinder waren. Weil es mitten an der Front passierte.

Alice

Kannst du heute noch schlafen?

Josephine

Ich schlafe kaum. Weil ich zu viel nachdenke und mir zu viele Sorgen mache. Weshalb musste ich das tun? Obwohl es gar nicht mein Anliegen war. Aber wirklich, ich kann kaum schlafen, ich quäle mich Tag und Nacht.

Alice

Wie fühlst du dich jetzt?

Josephine

Wenn ich an den Krieg denke, fühle ich mich krank, ich bin traurig über das, was passiert ist.

Alice

Und wenn du an die Zukunft denkst, wie denkst du über deine Zukunft?

Josephine

Ich denke über meine Zukunft nach, aber ich kann es nicht wirklich sagen, was mir meine Zukunft bringen wird. Ich denke, meine Zukunft wird mir etwas Gutes bringen. Etwas Gutes wird passieren, wie...

Wenn ich mich daran erinnere, wie die mich behandelt haben, muss ich weinen. Manchmal kann ich nicht essen. Weil ich so starke Schmerzen habe.

Alice

Wie verdienst du heute deinen Lebensunterhalt?

Josephine

Heute mache ich gar nichts. Ich gehe nicht zur Schule. Ich verkaufe nichts. Ich sitze nur hier, Tag und Nacht.

Alice

Bist du nie schwanger geworden?

Josephine

Ich war zu klein, als er mich vergewaltigte. Der Mann, der es tat, war der Rebellenführer. Er sagte, dass er mich so liebe, dass er mich nicht gehen lassen könne. Deshalb müsste er mich vergewaltigen. Er tat es, ich hatte starke Schmerzen. Er hatte eine Waffe und befahl mir, nicht zu schreien. Und wenn ich doch schrie, würde er mich töten. Als er mich vergewaltigte, bekam ich starke Schmerzen in meinem Bauch. Ich habe Bauchschmerzen, und auch heute noch kann ich sehr starke Schmerzen haben. Ich habe wirklich Probleme mit dem Bauch.

Nachdem er das zweite Mal gekommen war, konnte ich nicht mehr ruhig schlafen. Ich ließ mich sogar im Krankenhaus untersuchen. Aber zu bestimmten Zeiten kann ich immer noch die Schmerzen in meinem Bauch fühlen, weil ich noch sehr klein war, als er es tat. Manchmal bete ich, der Schmerz möge weggehen, es ist ein Problem für mich.

Alice

Lebst du mit einem Mann zusammen?

Josephine

Ja, ich lebte mit einem Mann zusammen. Aber er hat mich verlassen. Ich habe keinen Kontakt mehr zu ihm. Ich bin allein, ich und meine Kinder, ich schlage mich mit ihnen allein durch.

Alice

Wie verdienst du Geld, um ihnen Essen zu geben?

Josephine

Manchmal habe ich Freunde. Wenn sie kochen, geben sie ab. Denn ich habe keine Unterstützung, ich habe niemanden, der ihnen helfen könnte. Heute, während ich hier sitze, haben sie noch nichts zu essen bekommen.

Anhang

Konvention der Rechte des Kindes

Die »Konvention der Rechte des Kindes« trat am 20. November 1989 in Kraft. Ende 1997 hatten 191 Staaten dieses internationale Gesetzeswerk ratifiziert. Die USA haben es unterzeichnet; fünf Staaten konnten sich zu keinem Schritt entschließen. Die Schweiz hat das Übereinkommen am 24. Februar 1997 ratifiziert, Deutschland bereits im Jahre 1992.

Präambel

Die Vertragsstaaten dieses Übereinkommens
in der Erwägung, dass nach den in der Charta der Vereinten Nationen verkündeten Grundsätzen die Anerkennung der allen Mitgliedern der menschlichen Gesellschaft innewohnenden Würde und der Gleichheit und Unveräußerlichkeit ihrer Rechte die Grundlage von Freiheit, Gerechtigkeit und Frieden in der Welt bildet,
eingedenk dessen, dass die Völker der Vereinten Nationen in der Charta ihren Glauben an die Grundrechte und an Würde und Wert des Menschen bekräftigt und beschlossen haben, den sozialen Fortschritt und bessere Lebensbedingungen in größerer Freiheit zu fördern,
in der Erkenntnis, dass die Vereinten Nationen in der Allgemeinen Erklärung der Menschenrechte und in den Internationalen Menschenrechtspaketen verkündet haben und übereingekommen sind, dass jeder Mensch Anspruch hat auf alle darin verkündeten Rechte und Freiheiten ohne Unterscheidung, etwa nach der Rasse, der Hautfarbe, dem Geschlecht, der Sprache, der Religion, der politischen oder sonstigen Anschauung, der nationalen oder sozialen Herkunft, dem Vermögen, der Geburt oder dem sonstigen Status,
unter Hinweis darauf, dass die Vereinten Nationen in der Allgemeinen Erklärung der Menschenrechte verkündet haben, dass Kinder Anspruch auf besondere Fürsorge und Unterstützung haben,
überzeugt, dass der Familie als Grundeinheit der Gesellschaft und natürlicher Umgebung für das Wachsen und Gedeihen aller ihrer Mitglieder, insbesondere der Kinder, der erforderliche Schutz und Beistand gewährleistet werden sollte, damit sie ihre Aufgaben innerhalb der Gemeinschaft voll erfüllen kann,
in der Erkenntnis, dass das Kind zur vollen und harmonischen Entfaltung seiner Persönlichkeit in einer Familie und umgeben von Glück, Liebe und Verständnis aufwachsen sollte,

in der Erwägung, dass das Kind umfassend auf ein individuelles Leben in der Gesellschaft vorbereitet und im Geist der in der Charta der Vereinten Nationen verkündeten Ideale und insbesondere im Geist des Friedens, der Würde, der Toleranz, der Freiheit, der Gleichheit und der Solidarität erzogen werden sollte,

eingedenk dessen, dass die Notwendigkeit, dem Kind besonderen Schutz zu gewähren, in der Genfer Erklärung von 1924 über die Rechte des Kindes und in der von der Generalversammlung am 20. November 1959 angenommenen Erklärung der Rechte des Kindes ausgesprochen und in der Allgemeinen Erklärung der Menschenrechte, im Internationalen Pakt über bürgerliche und politische Rechte (insbesondere in den Artikeln 23 und 24), im Internationalen Pakt über wirtschaftliche, soziale und kulturelle Rechte (insbesondere in Artikel 10) sowie in den Satzungen und den in Betracht kommenden Dokumenten der Sonderorganisationen und anderer internationaler Organisationen, die sich mit dem Wohl des Kindes befassen, anerkannt worden ist,

eingedenk dessen, dass, wie in der Erklärung der Rechte des Kindes ausgeführt ist, »das Kind wegen seiner mangelnden körperlichen und geistigen Reife besonderen Schutzes und besonderer Fürsorge, insbesondere eines angemessenen rechtlichen Schutzes vor und nach der Geburt, bedarf«,

unter Hinweis auf die Bestimmungen der Erklärung über die sozialen und rechtlichen Grundsätze für den Schutz und das Wohl von Kindern unter besonderer Berücksichtigung der Aufnahme in eine Pflegefamilie und der Adoption auf nationaler und internationaler Ebene, der Regeln der Vereinten Nationen über die Mindestnormen für die Jugendgerichtsbarkeit (Beijing-Regeln) und der Erklärung über den Schutz von Frauen und Kindern im Ausnahmezustand und bei bewaffneten Konflikten,

in der Erkenntnis, dass es in allen Ländern der Welt Kinder gibt, die in außerordentlich schwierigen Verhältnissen leben, und dass diese Kinder der besonderen Berücksichtigung bedürfen,

unter gebührender Beachtung der Bedeutung der Traditionen und kulturellen Werte jedes Volkes für den Schutz und die harmonische Entwicklung des Kindes,

in Anerkennung der Bedeutung der internationalen Zusammenarbeit für die Verbesserung der Lebensbedingungen der Kinder in allen Ländern, insbesondere Entwicklungsländern

haben Folgendes vereinbart:

Teil I

Artikel 1

Im Sinne dieses Übereinkommens ist ein Kind jeder Mensch, der das achtzehnte Lebensjahr noch nicht vollendet hat, soweit die Volljährigkeit nach dem auf das Kind anzuwendenden Recht nicht früher eintritt.

Artikel 2

(1) Die Vertragsstaaten achten die in diesem Übereinkommen festgelegten Rechte und gewährleisten sie jedem ihrer Hoheitsgewalt unterstehenden Kind ohne jede Diskriminierung unabhängig von der Rasse, der Hautfarbe, dem Geschlecht, der Sprache, der Religion, der politischen und sonstigen Anschauung, der nationalen, ethnischen oder sozialen Herkunft, des Vermögens, einer Behinderung, der Geburt oder des sonstigen Status des Kindes, seiner Eltern oder seines Vormunds.

(2) Die Vertragsstaaten treffen alle geeigneten Maßnahmen, um sicherzustellen, dass das Kind vor allen Formen der Diskriminierung oder Bestrafung wegen des Status, der Tätigkeiten, der Meinungsäußerungen oder der Weltanschauung seiner Eltern, seines Vormunds oder seiner Familienangehörigen geschützt wird.

Artikel 3

(1) Bei allen Maßnahmen, die Kinder betreffen, gleichviel ob sie von öffentlichen oder privaten Einrichtungen der sozialen Fürsorge, Gerichten, Verwaltungsbehörden oder Gesetzgebungsorganen getroffen werden, ist das Wohl des Kindes ein Gesichtspunkt, der vorrangig zu berücksichtigen ist.

(2) Die Vertragsstaaten verpflichten sich, dem Kind unter Berücksichtigung der Rechte und Pflichten seiner Eltern, seines Vormunds oder anderer für das Kind gesetzlich verantwortlicher Personen den Schutz und die Fürsorge zu gewährleisten, die zu seinem Wohlergehen notwendig sind; zu diesem Zweck treffen sie alle geeigneten Gesetzgebungs- und Verwaltungsmaßnahmen.

(3) Die Vertragsstaaten stellen sicher, dass die für die Fürsorge für das Kind oder dessen Schutz verantwortlichen Institutionen, Dienste und Einrichtungen den von den zuständigen Behörden festgelegten Normen entsprechen, insbesondere im Bereich der Sicherheit und der Gesundheit sowie hinsichtlich der Zahl und der fachlichen Eignung des Personals und des Bestehens einer ausreichenden Aufsicht.

Artikel 4

Die Vertragsstaaten treffen alle geeigneten Gesetzgebungs-, Verwaltungs- und sonstigen Maßnahmen zur Verwirklichung der in diesem Übereinkommen anerkannten Rechte. Hinsichtlich der wirtschaftlichen, sozialen und kulturellen Rechte treffen die Vertragsstaaten derartige Maßnahmen unter Ausschöpfung ihrer verfügbaren Mittel und erforderlichenfalls im Rahmen der internationalen Zusammenarbeit.

Artikel 5

Die Vertragsstaaten achten die Aufgaben, Rechte und Pflichten der Eltern oder gegebenenfalls, soweit nach Ortsbrauch vorgesehen, der Mitglieder der weiteren Familie oder der Gemeinschaft, des Vormunds oder anderer für das Kind gesetzlich verantwortlicher Personen, das Kind bei der Ausübung der in diesem Übereinkommen anerkannten Rechte in einer seiner Entwicklung entsprechenden Weise angemessen zu leiten und zu führen.

Artikel 6

(1) Die Vertragsstaaten erkennen an, dass jedes Kind ein angeborenes Recht auf Leben hat.

(2) Die Vertragsstaaten gewährleisten in größtmöglichem Umfang das Überleben und die Entwicklung des Kindes.

Artikel 7

(1) Das Kind ist unverzüglich nach seiner Geburt in ein Register einzutragen und hat das Recht auf einen Namen von Geburt an, das Recht, eine Staatsangehörigkeit zu erwerben, und soweit möglich das Recht, seine Eltern zu kennen und von ihnen betreut zu werden.

(2) Die Vertragsstaaten stellen die Verwirklichung dieser Rechte im Einklang mit ihrem innerstaatlichen Recht und mit ihren Verpflichtungen aufgrund der einschlägigen internationalen Übereinkünfte in diesem Bereich sicher, insbesondere für den Fall, dass das Kind sonst staatenlos wäre.

Artikel 8

(1) Die Vertragsstaaten verpflichten sich, das Recht des Kindes zu achten, seine Identität, einschließlich seiner Staatsangehörigkeit, seines Namens und seiner gesetzlich anerkannten Familienbeziehungen, ohne rechtswidrige Eingriffe zu behalten.

(2) Werden einem Kind widerrechtlich einige oder alle Bestandteile seiner Identität genommen, so gewähren die Vertragsstaaten ihm angemessenen Beistand und Schutz mit dem Ziel, seine Identität so schnell wie möglich wiederherzustellen.

Artikel 9

(1) Die Vertragsstaaten stellen sicher, dass ein Kind nicht gegen den Willen seiner Eltern von diesen getrennt wird, es sei denn, dass die zuständigen Behörden in einer gerichtlich nachprüfbaren Entscheidung nach den anzuwendenden Rechtsvorschriften und Verfahren bestimmen, dass diese Trennung zum Wohl des Kindes notwendig ist. Eine solche Entscheidung kann im Einzelfall notwendig werden, wie etwa wenn das Kind durch die Eltern misshandelt oder vernachlässigt wird oder wenn bei getrennt lebenden Eltern eine Entscheidung über den Aufenthaltsort des Kindes zu treffen ist.

(2) In Verfahren nach Absatz 1 ist allen Beteiligten Gelegenheit zu geben, am Verfahren teilzunehmen und ihre Meinung zu äußern.

(3) Die Vertragsstaaten achten das Recht des Kindes, das von einem oder beiden Elternteilen getrennt ist, regelmäßig persönliche Beziehungen und unmittelbare Kontakte zu beiden Elternteilen zu pflegen, soweit dies nicht dem Wohl des Kindes widerspricht.

(4) Ist die Trennung Folge einer von einem Vertragsstaat eingeleiteten Maßnahme, wie etwa einer Freiheitsentziehung, Freiheitsstrafe, Landesverweisung oder Abschiebung oder des Todes eines oder beider Elternteile oder des Kindes (auch eines Todes, der aus irgendeinem Grund eintritt, während der Betreffende sich in staatlichem Gewahrsam befindet), so erteilt der Vertragsstaat auf Antrag der Eltern, dem Kind oder gegebenenfalls einem anderen Familienangehörigen die wesentlichen Auskünfte über den Verbleib des oder der abwesenden Familienangehörigen, sofern dies nicht dem Wohl des Kindes abträglich wäre. Die Vertragsstaaten stellen ferner sicher, dass allein die Stellung eines solchen Antrags keine nachteiligen Folgen für den oder die Betroffenen hat.

Artikel 10

(1) Entsprechend der Verpflichtung der Vertragsstaaten nach Artikel 9 Absatz 1 werden von einem Kind oder seinen Eltern zwecks Familienzusammenführung gestellte Anträge auf Einreise in einen Vertragsstaat oder Ausreise aus einem Vertragsstaat von den Vertragsstaaten wohl wollend, human und beschleunigt bearbeitet. Die Vertragsstaaten stellen fer-

ner sicher, dass die Stellung eines solchen Antrages keine nachteiligen Folgen für die Antragsteller und deren Familienangehörige hat.

(2) Ein Kind, dessen Eltern ihren Aufenthalt in verschiedenen Staaten haben, hat das Recht, regelmäßige persönliche Beziehungen und unmittelbaren Kontakt zu beiden Elternteilen zu pflegen, soweit nicht außergewöhnliche Umstände vorliegen. Zu diesem Zweck achten die Vertragsstaaten entsprechend ihrer Verpflichtung nach Artikel 9 Absatz 1 das Recht des Kindes und seiner Eltern, aus jedem Land einschließlich ihres eigenen auszureisen und in ihr eigenes Land einzureisen. Das Recht auf Ausreise aus einem Land unterliegt nur den gesetzlich vorgesehenen Beschränkungen, die zum Schutz der nationalen Sicherheit, der öffentlichen Ordnung (ordre public), der Volksgesundheit, der öffentlichen Sittlichkeit oder der Rechte und Freiheiten anderer notwendig und mit den anderen in diesem Übereinkommen anerkannten Rechten vereinbar sind.

Artikel 11

(1) Die Vertragsstaaten treffen Maßnahmen, um das rechtswidrige Verbringen von Kindern ins Ausland und ihre rechtswidrige Nichtrückgabe zu bekämpfen.

(2) Zu diesem Zweck fördern die Vertragsstaaten den Abschluss zwei- oder mehrseitiger Übereinkünfte oder den Beitritt zu bestehenden Übereinkünften.

Artikel 12

(1) Die Vertragsstaaten sichern dem Kind, das fähig ist, sich eine eigene Meinung zu bilden, das Recht zu, diese Meinung in allen das Kind berührenden Angelegenheiten frei zu äußern, und berücksichtigen die Meinung des Kindes angemessen und entsprechend seinem Alter und seiner Reife.

(2) Zu diesem Zweck wird dem Kind insbesondere Gelegenheit gegeben, in allen das Kind berührenden Gerichts- oder Verwaltungsverfahren entweder unmittelbar oder durch einen Vertreter oder eine geeignete Stelle im Einklang mit den innerstaatlichen Verfahrensvorschriften gehört zu werden.

Artikel 13

(1) Das Kind hat das Recht auf freie Meinungsäußerung; dieses Recht schließt die Freiheit ein, ungeachtet der Staatsgrenzen Informationen und Gedankengut jeder Art in Wort, Schrift oder Druck, durch Kunstwerke

oder andere vom Kind gewählte Mittel sich zu beschaffen, zu empfangen und weiterzugeben.

(2) Die Ausübung dieses Rechts kann bestimmten, gesetzlich vorgesehenen Einschränkungen unterworfen werden, die erforderlich sind

a) für die Achtung der Rechte oder des Rufes anderer oder

b) für den Schutz der nationalen Sicherheit, der öffentlichen Ordnung (ordre public), der Volksgesundheit oder der öffentlichen Sittlichkeit.

Artikel 14

(1) Die Vertragsstaaten achten das Recht des Kindes auf Gedanken-, Gewissens- und Religionsfreiheit.

(2) Die Vertragsstaaten achten die Rechte und Pflichten der Eltern und gegebenenfalls des Vormunds, das Kind bei der Ausübung dieses Rechts in einer seiner Entwicklung entsprechenden Weise zu leiten.

(3) Die Freiheit, seine Religion oder Weltanschauung zu bekunden, darf nur den gesetzlich vorgesehenen Einschränkungen unterworfen werden, die zum Schutz der öffentlichen Sicherheit, Ordnung, Gesundheit oder Sittlichkeit oder der Grundrechte und -freiheiten anderer erforderlich sind.

Artikel 15

(1) Die Vertragsstaaten erkennen das Recht des Kindes an, sich frei mit anderen zusammenzuschließen und sich friedlich zu versammeln.

(2) Die Ausübung dieses Rechts darf keinen anderen als den gesetzlich vorgesehenen Einschränkungen unterworfen werden, die in einer demokratischen Gesellschaft im Interesse der nationalen oder der öffentlichen Sicherheit, der öffentlichen Ordnung (ordre public), zum Schutz der Volksgesundheit oder der öffentlichen Sittlichkeit oder zum Schutz der Rechte und Freiheiten anderer notwendig sind.

Artikel 16

(1) Kein Kind darf willkürlichen oder rechtswidrigen Eingriffen in sein Privatleben, seine Familie, seine Wohnung oder seinen Schriftverkehr oder rechtswidrigen Beeinträchtigungen seiner Ehre und seines Rufes ausgesetzt werden.

(2) Das Kind hat Anspruch auf rechtlichen Schutz gegen solche Eingriffe oder Beeinträchtigungen.

Artikel 17

Die Vertragsstaaten erkennen die wichtige Rolle der Massenmedien an und stellen sicher, dass das Kind Zugang hat zu Informationen und Material aus einer Vielfalt nationaler und internationaler Quellen, insbesondere derjenigen, welche die Förderung seines sozialen, seelischen und sittlichen Wohlergehens sowie seiner körperlichen und geistigen Gesundheit zum Ziel haben. Zu diesem Zweck werden die Vertragsstaaten

a) die Massenmedien ermutigen, Informationen und Material zu verbreiten, die für das Kind von sozialem und kulturellem Nutzen sind und dem Geist des Artikels 29 entsprechen;

b) die internationale Zusammenarbeit bei der Herstellung, beim Austausch und bei der Verbreitung dieser Informationen und dieses Materials aus einer Vielfalt nationaler und internationaler kultureller Quellen fördern;

c) die Herstellung und Verbreitung von Kinderbüchern fördern;

d) die Massenmedien ermutigen, den sprachlichen Bedürfnissen eines Kindes, das einer Minderheit angehört oder Ureinwohner ist, besonders Rechnung zu tragen;

e) die Erarbeitung geeigneter Richtlinien zum Schutz des Kindes vor Informationen und Material, die sein Wohlergehen beeinträchtigen, fördern, wobei die Artikel 13 und 18 zu berücksichtigen sind.

Artikel 18

(1) Die Vertragsstaaten bemühen sich nach besten Kräften, die Anerkennung des Grundsatzes sicherzustellen, dass beide Elternteile gemeinsam für die Erziehung und Entwicklung des Kindes verantwortlich sind. Für die Erziehung und Entwicklung des Kindes sind in erster Linie die Eltern oder gegebenenfalls der Vormund verantwortlich. Dabei ist das Wohl des Kindes ihr Grundanliegen.

(2) Zur Gewährleistung und Förderung der in diesem Übereinkommen festgelegten Rechte unterstützen die Vertragsstaaten die Eltern und den Vormund in angemessener Weise bei der Erfüllung ihrer Aufgabe, das Kind zu erziehen, und sorgen für den Ausbau von Institutionen, Einrichtungen und Diensten für die Betreuung von Kindern.

(3) Die Vertragsstaaten treffen alle geeigneten Maßnahmen, um sicherzustellen, dass Kinder berufstätiger Eltern das Recht haben, die für sie in Betracht kommenden Kinderbetreuungsdienste und -einrichtungen zu nutzen.

Artikel 19

(1) Die Vertragsstaaten treffen alle geeigneten Gesetzgebungs-, Verwaltungs-, Sozial- und Bildungsmaßnahmen, um das Kind vor jeder Form körperlicher oder geistiger Gewaltanwendung, Schadenszufügung oder Misshandlung, vor Verwahrlosung oder Vernachlässigung, vor schlechter Behandlung oder Ausbeutung einschließlich des sexuellen Missbrauchs zu schützen, solange es sich in der Obhut der Eltern oder eines Elternteils, eines Vormunds oder anderen gesetzlichen Vertreters oder einer anderen Person befindet, die das Kind betreut.

(2) Diese Schutzmaßnahmen sollen je nach den Gegebenheiten wirksame Verfahren zur Aufstellung von Sozialprogrammen enthalten, die dem Kind und denen, die es betreuen, die erforderliche Unterstützung gewähren und andere Formen der Vorbeugung versehen sowie Maßnahmen zur Aufdeckung, Meldung, Weiterverweisung, Untersuchung, Behandlung und Nachbetreuung in den in Absatz 1 beschriebenen Fällen schlechter Behandlung von Kindern und gegebenenfalls für das Einschreiten der Gerichte.

Artikel 20

(1) Ein Kind, das vorübergehend oder dauernd aus seiner familiären Umgebung herausgelöst wird oder dem der Verbleib in dieser Umgebung im eigenen Interesse nicht gestattet werden kann, hat Anspruch auf den besonderen Schutz und Beistand des Staates.

(2) Die Vertragsstaaten stellen nach Maßgabe ihres innerstaatlichen Rechts andere Formen der Betreuung eines solchen Kindes sicher.

(3) Als andere Form der Betreuung kommt unter anderem die Aufnahme in eine Pflegefamilie, die Kafala nach islamischem Recht, die Adoption oder, falls erforderlich, die Unterbringung in einer geeigneten Kinderbetreuungseinrichtung in Betracht. Bei der Wahl zwischen diesen Lösungen sind die erwünschte Kontinuität der Erziehung des Kindes sowie die ethnische, religiöse, kulturelle und sprachliche Herkunft des Kindes gebührend zu berücksichtigen.

Artikel 21

Die Vertragsstaaten, die das System der Adoption anerkennen oder zulassen, gewährleisten, dass dem Wohl des Kindes bei der Adoption die höchste Bedeutung zugemessen wird; die Vertragsstaaten
a) stellen sicher, dass die Adoption eines Kindes nur durch die zuständigen Behörden bewilligt wird, die nach den anzuwendenden Rechtsvor-

schriften und Verfahren und auf der Grundlage aller verlässlichen einschlägigen Informationen entscheiden, dass die Adoption angesichts
des Status des Kindes in Bezug auf Eltern, Verwandte und einen Vormund zulässig ist und dass, soweit dies erforderlich ist, die betroffenen
Personen in Kenntnis der Sachlage und auf der Grundlage einer gegebenenfalls erforderlichen Beratung der Adoption zugestimmt haben;
b) erkennen an, dass die internationale Adoption als andere Form der
   Betreuung angesehen werden kann, wenn das Kind nicht in seinem
   Heimatland in einer Pflege- oder Adoptionsfamilie untergebracht oder
   wenn es dort nicht in geeigneter Weise betreut werden kann;
c) stellen sicher, dass das Kind im Fall einer internationalen Adoption in
   den Genuss der für nationale Adoption geltenden Schutzvorschriften
   und Normen kommt;
d) treffen alle geeigneten Maßnahmen, um sicherzustellen, dass bei internationaler Adoption für die Beteiligten keine unstatthaften Vermögens-
   vorteile entstehen;
e) fördern die Ziele dieses Artikels gegebenenfalls durch den Abschluss
   zwei- oder mehrseitiger Übereinkünfte und bemühen sich in diesem
   Rahmen sicherzustellen, dass die Unterbringung des Kindes in einem
   anderen Land durch die zuständigen Behörden oder Stellen durchgeführt wird.

Artikel 22

(1) Die Vertragsstaaten treffen geeignete Maßnahmen, um sicherzustellen, dass ein Kind, das die Rechtsstellung eines Flüchtlings begehrt oder
nach Maßgabe der anzuwendenden Regeln und Verfahren des Völkerrechts oder des innerstaatlichen Rechts als Flüchtling angesehen wird,
angemessenen Schutz und humanitäre Hilfe bei der Wahrnehmung der
Rechte erhält, die in diesem Übereinkommen oder in anderen internationalen Übereinkünften über Menschenrechte oder über humanitäre Fragen, denen die genannten Staaten als Vertragsparteien angehören, festgelegt sind, und zwar unabhängig davon, ob es sich in Begleitung seiner
Eltern oder einer anderen Person befindet oder nicht.
(2) Zu diesem Zweck wirken die Vertragsstaaten in der ihnen angemessen erscheinenden Weise bei allen Bemühungen mit, welche die Vereinten
Nationen und andere zuständige zwischenstaatliche oder nichtstaatliche
Organisationen, die mit den Vereinten Nationen zusammenarbeiten,
unternehmen, um ein solches Kind zu schützen, um ihm zu helfen und um
die Eltern oder andere Familienangehörige eines Flüchtlingskindes ausfindig zu machen mit dem Ziel, die für eine Familienzusammenführung

notwendigen Informationen zu erlangen. Können die Eltern oder andere Familienangehörige nicht ausfindig gemacht werden, so ist dem Kind im Einklang mit den in diesem Übereinkommen enthaltenen Grundsätzen derselbe Schutz zu gewährleisten wie jedem anderen Kind, dass aus irgendeinem Grund dauernd oder vorübergehend aus seiner familiären Umgebung herausgelöst ist.

Artikel 23

(1) Die Vertragsstaaten erkennen an, dass ein geistig oder körperlich behindertes Kind ein erfülltes und menschenwürdiges Leben unter Bedingungen führen soll, welche die Würde des Kindes wahren, seine Selbständigkeit fördern und seine aktive Teilnahme am Leben der Gemeinschaft erleichtern.

(2) Die Vertragsstaaten erkennen das Recht des behinderten Kindes auf besondere Betreuung an und treten dafür ein und stellen sicher, dass dem behinderten Kind und den für seine Betreuung Verantwortlichen im Rahmen der verfügbaren Mittel auf Antrag die Unterstützung zuteil wird, die dem Zustand des Kindes sowie den Lebensumständen der Eltern oder anderer Personen, die das Kind betreuen, angemessen ist.

(3) In Anerkennung der besonderen Bedürfnisse eines behinderten Kindes ist die nach Absatz 2 gewährte Unterstützung soweit irgend möglich und unter Berücksichtigung der finanziellen Mittel der Eltern oder anderer Personen, die das Kind betreuen, unentgeltlich zu leisten und so zu gestalten, dass sichergestellt ist, dass Erziehung, Ausbildung, Gesundheitsdienste, Rehabilitationsdienste, Vorbereitung auf das Berufsleben und Erholungsmöglichkeiten dem behinderten Kind tatsächlich in einer Weise zugänglich sind, die der möglichst vollständigen sozialen Integration und individuellen Entfaltung des Kindes einschließlich seiner kulturellen und geistigen Entwicklung förderlich ist.

(4) Die Vertragsstaaten fördern im Geist der internationalen Zusammenarbeit den Austausch sachdienlicher Informationen im Bereich der Gesundheitsvorsorge und der medizinischen, psychologischen und funktionellen Behandlung behinderter Kinder einschließlich der Verbreitung von Informationen über Methoden der Rehabilitation, der Erziehung und der Berufsausbildung und des Zugangs zu solchen Informationen, um es den Vertragsstaaten zu ermöglichen, in diesen Bereichen ihre Fähigkeiten und ihr Fachwissen zu verbessern und weitere Erfahrungen zu sammeln. Dabei sind die Bedürfnisse der Entwicklungsländer besonders zu berücksichtigen.

Artikel 24

(1) Die Vertragsstaaten erkennen das Recht des Kindes auf das erreichbare Höchstmaß an Gesundheit an sowie auf Inanspruchnahme von Einrichtungen zur Behandlung von Krankheiten und zur Wiederherstellung der Gesundheit. Die Vertragsstaaten bemühen sich sicherzustellen, dass keinem Kind das Recht auf Zugang zu derartigen Gesundheitsdiensten vorenthalten wird.

(2) Die Vertragsstaaten bemühen sich, die volle Verwirklichung dieses Rechts sicherzustellen, und treffen insbesondere geeignete Maßnahmen, um

a) die Säuglings- und Kindersterblichkeit zu verringern;

b) sicherzustellen, dass alle Kinder die notwendige ärztliche Hilfe und Gesundheitsfürsorge erhalten, wobei besonderer Nachdruck auf den Ausbau der gesundheitlichen Grundversorgung gelegt wird;

c) Krankheiten sowie Unter- und Fehlernährung auch im Rahmen der gesundheitlichen Grundversorgung zu bekämpfen, unter anderem durch den Einsatz leicht zugänglicher Technik und durch die Bereitstellung ausreichender vollwertiger Nahrungsmittel und sauberen Trinkwassers, wobei die Gefahren und Risiken der Umweltverschmutzung zu berücksichtigen sind;

d) eine angemessene Gesundheitsfürsorge für Mütter vor und nach der Entbindung sicherzustellen;

e) sicherzustellen, dass allen Teilen der Gesellschaft, insbesondere Eltern und Kindern, Grundkenntnisse über die Gesundheit und Ernährung des Kindes, die Vorteile des Stillens, die Hygiene und die Sauberhaltung der Umwelt sowie die Unfallverhütung vermittelt werden, dass sie Zugang zu der entsprechenden Schulung haben und dass sie bei der Anwendung dieser Grundkenntnisse Unterstützung erhalten;

f) die Gesundheitsfürsorge, die Elternberatung sowie die Aufklärung und die Dienste auf dem Gebiet der Familienplanung auszubauen.

(3) Die Vertragsstaaten treffen alle wirksamen und geeigneten Maßnahmen, um überlieferte Bräuche, die für die Gesundheit der Kinder schädlich sind, abzuschaffen.

(4) Die Vertragsstaaten verpflichten sich, die internationale Zusammenarbeit zu unterstützen und zu fördern, um fortschreitend die volle Verwirklichung des in diesem Artikel anerkannten Rechts zu erreichen. Dabei sind die Bedürfnisse der Entwicklungsländer besonders zu berücksichtigen.

Artikel 25

Die Vertragsstaaten erkennen an, dass ein Kind, das von den zuständigen Behörden wegen einer körperlichen oder geistigen Erkrankung zur Betreuung, zum Schutz der Gesundheit oder zu Behandlung untergebracht worden ist, das Recht hat auf eine regelmäßige Überprüfung der dem Kind gewährten Behandlung sowie aller anderen Umstände, die für seine Unterbringung von Belang sind.

Artikel 26

(1) Die Vertragsstaaten erkennen das Recht jedes Kindes auf Leistungen der sozialen Sicherheit einschließlich der Sozialversicherung an und treffen die erforderlichen Maßnahmen, um die volle Verwirklichung dieses Rechts in Übereinstimmung mit dem innerstaatlichen Recht sicherzustellen.

(2) Die Leistungen sollen gegebenenfalls unter Berücksichtigung der wirtschaftlichen Verhältnisse und der sonstigen Umstände des Kindes und der Unterhaltspflichtigen sowie anderer für die Beantragung von Leistungen durch das Kind oder im Namen des Kindes maßgeblicher Gesichtspunkte gewährt werden.

Artikel 27

(1) Die Vertragsstaaten erkennen das Recht jedes Kindes auf einen seiner körperlichen, geistigen, seelischen, sittlichen und sozialen Entwicklung angemessenen Lebensstandard an.

(2) Es ist in erster Linie Aufgabe der Eltern oder anderer für das Kind verantwortlicher Personen, im Rahmen ihrer Fähigkeiten und finanziellen Möglichkeiten die für die Entwicklung des Kindes notwendigen Lebensbedingungen sicherzustellen.

(3) Die Vertragsstaaten treffen gemäß ihren innerstaatlichen Verhältnissen und im Rahmen ihrer Mittel geeignete Maßnahmen, um den Eltern und anderen für das Kind verantwortlichen Personen bei der Verwirklichung dieses Rechts zu helfen, und sehen bei Bedürftigkeit materielle Hilfs- und Unterstützungsprogramme insbesondere im Hinblick auf Ernährung, Bekleidung und Wohnung vor.

(4) Die Vertragsstaaten treffen alle geeigneten Maßnahmen, um die Geltendmachung von Unterhaltsansprüchen des Kindes gegenüber den Eltern oder anderen finanziell für das Kind verantwortlichen Personen sowohl innerhalb des Vertragsstaats als auch im Ausland sicherzustellen. Insbesondere fördern die Vertragsstaaten, wenn die für das Kind finan-

ziell verantwortliche Person in einem anderen Staat lebt als das Kind, den Beitritt zu internationalen Übereinkünften oder den Abschluss solcher Übereinkünfte sowie andere geeignete Regelungen.

Artikel 28

(1) Die Vertragsstaaten erkennen das Recht des Kindes auf Bildung an; um die Verwirklichung dieses Rechts auf der Grundlage der Chancengleichheit fortschreitend zu erreichen, werden sie insbesondere

a) den Besuch der Grundschule für alle zur Pflicht und unentgeltlich machen;

b) die Entwicklung verschiedener Formen der weiterführenden Schulen allgemein bildender und berufsbildender Art fördern, sie allen Kindern verfügbar und zugänglich machen und geeignete Maßnahmen wie die Einführung der Unentgeltlichkeit und die Bereitstellung finanzieller Unterstützung bei Bedürftigkeit treffen;

c) allen entsprechend ihren Fähigkeiten den Zugang zu den Hochschulen mit allen geeigneten Mitteln ermöglichen;

d) Bildungs- und Berufsberatung allen Kindern verfügbar und zugänglich machen;

e) Maßnahmen treffen, die den regelmäßigen Schulbesuch fördern und den Anteil derjenigen, welche die Schule vorzeitig verlassen, verringern.

(2) Die Vertragsstaaten treffen alle geeigneten Maßnahmen, um sicherzustellen, dass die Disziplin in der Schule in einer Weise gewahrt wird, die der Menschenwürde des Kindes entspricht und im Einklang mit diesem Übereinkommen steht.

(3) Die Vertragsstaaten fördern die internationale Zusammenarbeit im Bildungswesen, insbesondere um zur Beseitigung von Unwissenheit und Analphabetentum in der Welt beizutragen und den Zugang zu wissenschaftlichen und technischen Kenntnissen und modernen Unterrichtsmethoden zu erleichtern. Dabei sind die Bedürfnisse der Entwicklungsländer besonders zu berücksichtigen.

Artikel 29

(1) Die Vertragsstaaten stimmen darin überein, dass die Bildung des Kindes darauf gerichtet sein muss,

a) die Persönlichkeit, die Begabung und die geistigen und körperlichen Fähigkeiten des Kindes voll zur Entfaltung zu bringen;

b) dem Kind Achtung vor den Menschenrechten und Grundfreiheiten und den in der Charta der Vereinten Nationen verankerten Grundsätzen zu vermitteln;

c) dem Kind Achtung vor seinen Eltern, seiner kulturellen Identität, seiner Sprache und seinen kulturellen Werten, den nationalen Werten des Landes, in dem es lebt, und gegebenenfalls des Landes, aus dem es stammt, sowie vor anderen Kulturen als der eigenen zu vermitteln;

d) das Kind auf verantwortungsbewusstes Leben in einer freien Gesellschaft im Geist der Verständigung, des Friedens, der Toleranz, der Gleichberechtigung der Geschlechter und der Freundschaft zwischen allen Völkern und ethnischen, nationalen und religiösen Gruppen sowie zu Ureinwohnern vorzubereiten;

e) dem Kind Achtung vor der natürlichen Umwelt zu vermitteln.

(2) Dieser Artikel und Artikel 28 dürfen nicht so ausgelegt werden, dass sie die Freiheit natürlicher oder juristischer Personen beeinträchtigen, Bildungseinrichtungen zu gründen und zu führen, sofern die in Absatz 1 festgelegten Grundsätze beachtet werden und die in solchen Einrichtungen vermittelte Bildung den von dem Staat gegebenenfalls festgelegten Mindestnormen entspricht.

Artikel 30

In Staaten, in denen es ethnische, religiöse oder sprachliche Minderheiten oder Ureinwohner gibt, darf einem Kind, das einer solchen Minderheit angehört oder Ureinwohner ist, nicht das Recht vorenthalten werden, in Gemeinschaft mit anderen Angehörigen seiner Gruppe seine eigene Kultur zu pflegen, sich zu seiner eigenen Religion zu bekennen und sie auszuüben oder seine eigene Sprache zu verwenden.

Artikel 31

(1) Die Vertragsstaaten erkennen das Recht des Kindes auf Ruhe und Frieden an, auf Spiel und altersgemäße aktive Erholung sowie auf freie Teilnahme am kulturellen und künstlerischen Leben.

(2) Die Vertragsstaaten achten und fördern das Recht des Kindes auf volle Beteiligung am kulturellen und künstlerischen Leben und fördern die Bereitstellung geeigneter und gleicher Möglichkeiten für die kulturelle und künstlerische Betätigung sowie für aktive Erholung und Freizeitbeschäftigung.

Artikel 32

(1) Die Vertragsstaaten erkennen das Recht des Kindes an, vor wirtschaftlicher Ausbeutung geschützt und nicht zu einer Arbeit herangezogen zu werden, die Gefahren mit sich bringen, die Erziehung des Kindes behindern oder die Gesundheit des Kindes oder seine körperliche, geistige, seelische, sittliche oder soziale Entwicklung schädigen könnte.

(2) Die Vertragsstaaten treffen Gesetzgebungs-, Verwaltungs-, Sozial- und Bildungsmaßnahmen, um die Durchführung dieses Artikel sicherzustellen. Zu diesem Zweck und unter Berücksichtigung der einschlägigen Bestimmungen anderer internationaler Übereinkünfte werden die Vertragsstaaten insbesondere

a) ein oder mehrere Mindestalter für die Zulassung zur Arbeit festlegen;

b) eine angemessene Regelung der Arbeitszeit und der Arbeitsbedingungen vorsehen;

c) angemessene Strafen oder andere Sanktionen zur wirksamen Durchsetzung dieses Artikels vorsehen.

Artikel 33

Die Vertragsstaaten treffen alle geeigneten Maßnahmen einschließlich Gesetzgebungs-, Verwaltungs-, Sozial- und Bildungsmaßnahmen, um Kinder vor dem unerlaubten Gebrauch von Suchtstoffen und psychotropen Stoffen im Sinne der diesbezüglichen internationalen Übereinkünfte zu schützen und den Einsatz von Kindern bei der unerlaubten Herstellung dieser Stoffe und beim unerlaubten Verkehr mit diesen Stoffen zu verhindern.

Artikel 34

Die Vertragsstaaten verpflichten sich, das Kind vor allen Formen sexueller Ausbeutung und sexuellen Missbrauchs zu schützen. Zu diesem Zweck treffen die Vertragsstaaten insbesondere alle geeigneten innerstaatlichen, zweiseitigen und mehrseitigen Maßnahmen, um zu verhindern, dass Kinder

a) zur Beteiligung an rechtswidrigen sexuellen Handlungen verleitet oder gezwungen werden;

b) für die Prostitution oder andere rechtswidrige sexuelle Praktiken ausgebeutet werden;

c) für pornographische Darbietungen und Darstellungen ausgebeutet werden.

Artikel 35

Die Vertragsstaaten treffen alle geeigneten innerstaatlichen, zweiseitigen und mehrseitigen Maßnahmen, um die Einführung und den Verkauf von Kindern sowie den Handel mit Kindern zu irgendeinem Zweck und in irgendeiner Form zu verhindern.

Artikel 36

Die Vertragsstaaten schützen das Kind vor allen sonstigen Formen der Ausbeutung, die das Wohl des Kindes in irgendeiner Weise beeinträchtigen.

Artikel 37

Die Vertragsstaaten stellen sicher,

a) dass kein Kind der Folter oder einer anderen grausamen, unmenschlichen oder erniedrigenden Behandlung oder Strafe unterworfen wird. Für Straftaten, die von Personen vor Vollendung des achtzehnten Lebensjahres begangen worden sind, darf weder die Todesstrafe noch lebenslange Freiheitsstrafe ohne die Möglichkeit vorzeitiger Entlassung verhängt werden;

b) dass keinem Kind die Freiheit rechtswidrig oder willkürlich entzogen wird. Festnahme, Freiheitsentziehung oder Freiheitsstrafe darf bei einem Kind im Einklang mit dem Gesetz nur als letztes Mittel und für die kürzeste angemessene Zeit angewendet werden;

c) dass jedes Kind, dem die Freiheit entzogen ist, menschlich und mit Achtung vor der dem Menschen innewohnenden Würde und unter Berücksichtigung der Bedürfnisse von Personen seines Alters behandelt wird. Insbesondere ist jedes Kind, dem die Freiheit entzogen ist, von Erwachsenen zu trennen, sofern nicht ein anderes Vorgehen als dem Wohl des Kindes dienlich erachtet wird; jedes Kind hat das Recht, mit seiner Familie durch Briefwechsel und Besuche in Verbindung zu bleiben, sofern nicht außergewöhnliche Umstände vorliegen;

d) dass jedes Kind, dem die Freiheit entzogen ist, das Recht auf umgehenden Zugang zu einem rechtskundigen oder anderen geeigneten Beistand und das Recht hat, die Rechtmäßigkeit der Freiheitsentziehung bei einem Gericht oder einer anderen zuständigen, unabhängigen und unparteiischen Behörde anzufechten, sowie das Recht auf alsbaldige Entscheidung in einem solchen Verfahren.

Artikel 38

(1) Die Vertragsstaaten verpflichten sich, die für sie verbindlichen Regeln des in bewaffneten Konflikten anwendbaren humanitären Völkerrechts, die für das Kind Bedeutung haben, zu beachten und für deren Beachtung zu sorgen.

(2) Die Vertragsstaaten treffen alle durchführbaren Maßnahmen, um sicherzustellen, dass Personen, die das fünfzehnte Lebensjahr noch nicht vollendet haben, nicht unmittelbar an Feindseligkeiten teilnehmen.

(3) Die Vertragsstaaten nehmen davon Abstand, Personen, die das fünfzehnte Lebensjahr noch nicht vollendet haben, zu ihren Streitkräften einzuziehen. Werden Personen zu den Streitkräften eingezogen, die zwar das fünfzehnte, nicht aber das achtzehnte Lebensjahr vollendet haben, so bemühen sich die Vertragsstaaten, vorrangig die jeweils Ältesten einzuziehen.

(4) Im Einklang mit ihren Verpflichtungen nach dem humanitären Völkerrecht, die Zivilbevölkerung in bewaffneten Konflikten zu schützen, treffen die Vertragsstaaten alle durchführbaren Maßnahmen, um sicherzustellen, dass von einem bewaffneten Konflikt betroffene Kinder geschützt und betreut werden.

Artikel 39

Die Vertragsstaaten treffen alle geeigneten Maßnahmen, um die physische und psychische Genesung und die soziale Wiedereingliederung eines Kindes zu fördern, das Opfer irgendeiner Form von Vernachlässigung, Ausbeutung oder Misshandlung, Folter oder einer anderen Form grausamer, unmenschlicher oder erniedrigender Behandlung oder Strafe oder aber bewaffneter Konflikte geworden ist. Die Genesung und Wiedereingliederung müssen in einer Umgebung stattfinden, die der Gesundheit, der Selbstachtung und der Würde des Kindes förderlich ist.

Artikel 40

(1) Die Vertragsstaaten erkennen das Recht jedes Kindes an, das der Verletzung der Strafgesetze verdächtigt, beschuldigt oder überführt wird, in einer Weise behandelt zu werden, die das Gefühl des Kindes für die eigene Würde und den eigenen Wert fördert, seine Achtung vor den Menschenrechten und Grundfreiheiten anderer stärkt und das Alter des Kindes sowie die Notwendigkeit berücksichtigt, seine soziale Wiedereingliederung sowie die Übernahme einer konstruktiven Rolle in der Gesellschaft durch das Kind zu fördern.

(2) Zu diesem Zweck stellen die Vertragsstaaten unter Berücksichtigung der einschlägigen Bestimmungen internationaler Übereinkünfte insbesondere sicher,

a) dass kein Kind wegen Handlungen oder Unterlassungen, die zur Zeit ihrer Begehung nach innerstaatlichem Recht oder Völkerrecht nicht verboten waren, der Verletzung der Strafgesetze verdächtigt, beschuldigt oder überführt wird;

b) dass jedes Kind, das einer Verletzung der Strafgesetze verdächtigt oder beschuldigt wird, Anspruch auf folgende Mindestgarantien hat:

I. bis zum gesetzlichen Nachweis der Schuld als unschuldig zu gelten,

II. unverzüglich und unmittelbar über die gegen das Kind erhobenen Beschuldigungen unterrichtet zu werden, gegebenenfalls durch seine Eltern oder seinen Vormund und einen rechtskundigen oder anderen Beistand zur Vorbereitung und Wahrnehmung seiner Verteidigung zu erhalten,

III. seine Sache unverzüglich durch eine zuständige Behörde oder ein zuständiges Gericht, die unabhängig und unparteiisch sind, in einem fairen Verfahren entsprechend dem Gesetz entscheiden zu lassen, und zwar in Anwesenheit eines rechtskundigen oder anderen geeigneten Beistands sowie – sofern dies nicht insbesondere in Anbetracht des Alters oder der Lage des Kindes als seinem Wohl widersprechend angesehen wird – in Anwesenheit seiner Eltern oder seines Vormunds,

IV. nicht gezwungen zu werden, als Zeuge auszusagen oder sich schuldig zu bekennen sowie die Belastungszeugen zu befragen oder befragen zu lassen und das Erscheinen und die Vernehmung der Entlastungszeugen unter gleichen Bedingungen zu erwirken,

V. wenn es einer Verletzung der Strafgesetze überführt ist, diese Entscheidung und alle als Folge davon verhängten Maßnahmen durch eine zuständige übergeordnete Behörde oder ein zuständiges Gericht, die unabhängig und unparteiisch sind, entsprechend dem Gesetz nachprüfen zu lassen,

VI. die unentgeltliche Hinzuziehung eines Dolmetschers zu verlangen, wenn das Kind die Verhandlungssprache nicht versteht oder spricht,

VII. sein Privatleben in allen Verfahrensabschnitten voll geachtet zu sehen.

(3) Die Vertragsstaaten bemühen sich, den Erlass von Gesetzen sowie die Schaffung von Verfahren, Behörden und Einrichtungen zu fördern, die besonders für Kinder, die einer Verletzung der Strafgesetze verdächtigt, beschuldigt oder überführt werden, gelten oder zuständig sind; insbesondere

a) legen sie ein Mindestalter fest, das ein Kind erreicht haben muss, um als strafmündig angesehen zu werden,

b) treffen sie, soweit dies angemessen und wünschenswert ist, Maßnahmen, um den Fall ohne ein gerichtliches Verfahren zu regeln, wobei jedoch die Menschenrechte und die Rechtsgarantien uneingeschränkt beachtet werden müssen.

(4) Um sicherzustellen, dass Kinder in einer Weise behandelt werden, die ihrem Wohl dienlich ist und ihren Umständen sowie der Straftat entspricht, muss eine Vielzahl von Vorkehrungen zur Verfügung stehen, wie Anordnungen über Betreuung, Anleitung und Aufsicht, wie Beratung, Entlassung auf Bewährung, Aufnahme in eine Pflegefamilie, Bildungs- und Berufsbildungsprogramme und andere Alternativen zur Heimerziehung.

Artikel 41

Dieses Übereinkommen lässt zur Verwirklichung der Rechte des Kindes besser geeignete Bestimmungen unberührt, die enthalten sind

a) im Recht eines Vertragsstaates oder

b) in dem für diesen Staat geltenden Völkerrecht.

Teil II

Artikel 42

Die Vertragsstaaten verpflichten sich, die Grundsätze und Bestimmungen dieses Übereinkommens durch geeignete und wirksame Maßnahmen bei Erwachsenen und auch bei Kindern allgemein bekannt zu machen.

Artikel 43

(1) Zur Prüfung der Fortschritte, welche die Vertragsstaaten bei der Erfüllung der in diesem Übereinkommen eingegangenen Verpflichtungen gemacht haben, wird ein Ausschuss für die Rechte des Kindes eingesetzt, der die nachstehend festgelegten Aufgaben wahrnimmt.

(2) Der Ausschuss besteht aus zehn Sachverständigen von hohem sittlichen Ansehen und anerkannter Sachkenntnis auf dem von diesem Übereinkommen erfassten Gebiet. Die Mitglieder des Ausschusses werden von den Vertragsstaaten unter ihren Staatsangehörigen ausgewählt und sind in persönlicher Eigenschaft tätig, wobei auf eine gerechte geographische Verteilung zu achten ist sowie die hauptsächlichen Rechtssysteme zu berücksichtigen sind.

(3) Die Mitglieder des Ausschusses werden in geheimer Wahl aus einer Liste von Personen gewählt, die von den Vertragsstaaten vorgeschlagen worden sind. Jeder Vertragsstaat kann einen seiner eigenen Staatsangehörigen vorschlagen.

(4) Die Wahl des Ausschusses findet zum ersten Mal spätestens sechs Monate nach In-Kraft-Treten dieses Übereinkommens und danach alle zwei Jahre statt. Spätestens vier Monate vor jeder Wahl fordert der Generalsekretär der Vereinten Nationen die Vertragsstaaten schriftlich auf, ihre Vorschläge innerhalb von zwei Monaten einzureichen. Der Generalsekretär fertigt sodann eine alphabetische Liste aller auf diese Weise vorgeschlagenen Personen an unter Angabe der Vertragsstaaten, die sie vorgeschlagen haben, und übermittelt sie den Vertragsstaaten.

(5) Die Wahlen finden auf vom Generalsekretär am Sitz der Vereinten Nationen einberufenen Tagungen der Vertragsstaaten statt. Auf diesen Tagungen, die beschlussfähig sind, wenn zwei Drittel der Vertragsstaaten vertreten sind, gelten die Kandidaten als in den Ausschuss gewählt, welche die höchste Stimmenzahl und die absolute Stimmenmehrheit der anwesenden und abstimmenden Vertreter der Vertragsstaaten auf sich vereinigen.

(6) Die Ausschussmitglieder werden für vier Jahre gewählt. Auf erneuten Vorschlag können sie wieder gewählt werden. Die Amtszeit von fünf der bei der ersten Wahl gewählten Mitglieder läuft nach zwei Jahren ab; unmittelbar nach der ersten Wahl werden die Namen dieser fünf Mitglieder vom Vorsitzenden der Tagung durch das Los bestimmt.

(7) Wenn ein Ausschussmitglied stirbt oder zurücktritt oder erklärt, dass es aus anderen Gründen die Aufgaben des Ausschusses nicht mehr wahrnehmen kann, ernennt der Vertragsstaat, der das Mitglied vorgeschlagen hat, für die verbleibende Amtszeit mit Zustimmung des Ausschusses einen anderen unter seinen Staatsangehörigen ausgewählten Sachverständigen.

(8) Der Ausschuss gibt sich eine Geschäftsordnung.

(9) Der Ausschuss wählt seinen Vorstand für zwei Jahre.

(10) Die Tagungen des Ausschusses finden in der Regel am Sitz der Vereinten Nationen oder an einem anderen vom Ausschuss bestimmten Ort statt. Der Ausschuss tritt in der Regel einmal jährlich zusammen. Die Dauer der Ausschusstagungen wird auf einer Tagung der Vertragsstaaten mit Zustimmung der Generalversammlung festgelegt und wenn nötig geändert.

(11) Der Generalsekretär der Vereinten Nationen stellt dem Ausschuss das Personal und die Einrichtungen zur Verfügung, die dieser zur wirksamen Wahrnehmung seiner Aufgaben nach diesem Übereinkommen benötigt.

(12) Die Mitglieder des nach diesem Übereinkommen eingesetzten Ausschusses erhalten mit Zustimmung der Generalversammlung Bezüge aus Mitteln der Vereinten Nationen zu den von der Generalversammlung zu beschließenden Bedingungen.

Artikel 44

(1) Die Vertragsstaaten verpflichten sich, dem Ausschuss über den Generalsekretär der Vereinten Nationen Berichte über die Maßnahmen, die sie zur Verwirklichung der in diesem Übereinkommen anerkannten Rechte getroffen haben, und über die dabei erzielten Fortschritte vorzulegen, und zwar
a) innerhalb von zwei Jahren nach In-Kraft-Treten des Übereinkommens für den betreffenden Vertragsstaat,
b) danach alle fünf Jahre.

(2) In den nach diesem Artikel erstatteten Berichten ist auf etwa bestehende Umstände und Schwierigkeiten hinzuweisen, welche die Vertragsstaaten daran hindern, die in diesem Übereinkommen vorgesehenen Verpflichtungen voll zu erfüllen. Die Berichte müssen auch ausreichende Angaben enthalten, die dem Ausschuss ein umfassendes Bild von der Durchführung des Übereinkommens in dem betreffenden Land vermitteln.

(3) Ein Vertragsstaat, der dem Ausschuss einen ersten umfassenden Bericht vorgelegt hat, braucht in seinen nach Absatz 1 Buchstaben b vorgelegten späteren Berichten die früher mitgeteilten grundlegenden Angaben nicht zu wiederholen.

(4) Der Ausschuss kann die Vertragsstaaten um weitere Angaben über die Durchführung des Übereinkommens ersuchen.

(5) Der Ausschuss legt der Generalversammlung über den Wirtschafts- und Sozialrat alle zwei Jahre einen Tätigkeitsbericht vor.

(6) Die Vertragsstaaten sorgen für eine weite Verbreitung ihrer Berichte im eigenen Land.

Artikel 45

Um die wirksame Durchführung dieses Übereinkommens und die internationale Zusammenarbeit auf dem von dem Übereinkommen erfassten Gebiet zu fördern,
a) haben die Sonderorganisationen, das Kinderhilfswerk der Vereinten Nationen und andere Organe der Vereinten Nationen das Recht, bei der Erörterung der Durchführung derjenigen Bestimmungen des Überein-

kommens vertreten zu sein, die in ihren Aufgabenbereich fallen. Der Ausschuss kann, wenn er dies für angebracht hält, die Sonderorganisationen, das Kinderhilfswerk der Vereinten Nationen und andere zuständige Stellen einladen, sachkundige Stellungnahmen zur Durchführung des Übereinkommens auf Gebiete abzugeben, die in ihren jeweiligen Aufgabenbereich fallen. Der Ausschuss kann die Sonderorganisationen, das Kinderhilfswerk der Vereinten Nationen und andere Organe der Vereinten Nationen einladen, ihm Berichte über die Durchführung des Übereinkommens auf Gebieten vorzulegen, die in ihren Tätigkeitsbereich fallen;

b) übermittelt der Ausschuss, wenn er dies für angebracht hält, den Sonderorganisationen, dem Kinderhilfswerk der Vereinten Nationen und anderen zuständigen Stellen Berichte der Vertragsstaaten, die ein Ersuchen um fachliche Beratung oder Unterstützung oder einen Hinweis enthalten, dass ein diesbezügliches Bedürfnis besteht; etwaige Bemerkungen und Vorschläge des Ausschusses zu diesen Ersuchen oder Hinweisen werden beigefügt;

c) kann der Ausschuss der Generalversammlung empfehlen, den Generalsekretär zu ersuchen, für den Ausschuss Untersuchungen über Fragen im Zusammenhang mit den Rechten des Kindes durchzuführen;

d) kann der Ausschuss aufgrund der Angaben, die er nach den Artikeln 44 und 45 erhalten hat, Vorschläge und allgemeine Empfehlungen unterbreiten. Diese Vorschläge und allgemeine Empfehlungen werden den betroffenen Vertragsstaaten übermittelt und der Generalversammlung zusammen mit etwaigen Bemerkungen der Vertragsstaaten vorgelegt.

Teil III

Artikel 46

Dieses Übereinkommen liegt für alle Staaten zur Unterzeichnung auf.

Artikel 47

Dieses Übereinkommen bedarf der Ratifikation. Die Ratifikationsurkunden werden beim Generalsekretär der Vereinten Nationen hinterlegt.

Artikel 48

Dieses Übereinkommen steht allen Staaten zum Beitritt offen. Die Beitrittsurkunden werden beim Generalsekretär der Vereinten Nationen hinterlegt.

Artikel 49

(1) Dieses Übereinkommen tritt am dreißigsten Tag nach Hinterlegung der zwanzigsten Ratifikations- oder Beitrittsurkunde beim Generalsekretär der Vereinten Nationen in Kraft.

(2) Für jeden Staat, der nach Hinterlegung der zwanzigsten Ratifikations- oder Beitrittsurkunde dieses Übereinkommen ratifiziert oder ihm beitritt, tritt es am dreißigsten Tag nach Hinterlegung seiner eigenen Ratifikations- oder Beitrittsurkunde in Kraft.

Artikel 50

(1) Jeder Vertragsstaat kann eine Änderung vorschlagen und sie beim Generalsekretär der Vereinten Nationen einreichen. Der Generalsekretär übermittelt sodann den Änderungsvorschlag den Vertragsstaaten mit der Aufforderung, ihm mitzuteilen, ob sie eine Konferenz der Vertragsstaaten zur Beratung und Abstimmung über den Vorschlag befürworten. Befürwortet innerhalb von vier Monaten nach dem Datum der Übermittlung wenigstens ein Drittel der Vertragsstaaten eine solche Konferenz, so beruft der Generalsekretär die Konferenz unter der Schirmherrschaft der Vereinten Nationen ein. Jede Änderung, die von der Mehrheit der auf der Konferenz anwesenden und abstimmenden Vertragsstaaten angenommen wird, wird der Generalversammlung zur Billigung vorgelegt.

(2) Eine nach Absatz 1 angenommene Änderung tritt in Kraft, wenn sie von der Generalversammlung der Vereinten Nationen gebilligt und von einer Zweidrittelmehrheit der Vertragsstaaten angenommen worden ist.

(3) Tritt eine Änderung in Kraft, so ist sie für die Vertragsstaaten, die sie angenommen haben, verbindlich, während für die anderen Vertragsstaaten weiterhin die Bestimmungen dieses Übereinkommens und alle früher von Ihnen angenommenen Änderungen gelten.

Artikel 51

(1) Der Generalsekretär der Vereinten Nationen nimmt den Wortlaut von Vorbehalten, die ein Staat bei der Ratifikation oder beim Beitritt anbringt, entgegen und leitet ihn allen Staaten zu.

(2) Vorbehalte, die mit Ziel und Zweck dieses Übereinkommen unvereinbar sind, sind nicht zulässig.

(3) Vorbehalte können jederzeit durch eine an den Generalsekretär der Vereinten Nationen gerichtete diesbezügliche Notifikation zurückgenommen werden; dieser setzt alle Staaten davon in Kenntnis. Die Notifikation wird mit dem Tag ihres Eingangs beim Generalsekretär wirksam.

Artikel 52

Ein Vertragsstaat kann dieses Übereinkommen durch eine an den General-sekretär der Vereinten Nationen gerichtete schriftliche Notifikation kündi-gen. Die Kündigung wird ein Jahr nach Eingang der Notifikation beim Generalsekretär wirksam.

Artikel 53

Der Generalsekretär der Vereinten Nationen wird zum Verwahrer dieses Übereinkommens bestimmt.

Die Urschrift dieses Übereinkommens, dessen arabischer, chinesischer, englischer, französischer, russischer und spanischer Wortlaut gleicherma-ßen verbindlich ist, wird beim Generalsekretär der Vereinten Nationen hinterlegt.

Zu Urkund dessen haben die unterzeichneten, von ihren Regierungen hierzu gehörig befugten Bevollmächtigten dieses Übereinkommen unter-schrieben.

Wortlaut* des zu ratifizierenden, im Januar 2000 in Genf unterzeichneten Zusatzprotokolls zur Konvention der Rechte des Kindes

Article 1

States Parties shall take all feasible measures to ensure that members of their armed forces who have not attained the age of 18 years do not take a direct part in hostilities.

Article 2

States Parties shall ensure that persons who have not attained the age of 18 years are not compulsorily recruited into their armed forces.

Article 3

(1) States Parties shall raise the minimum age for the voluntary recruitment of persons into their national armed forces from that set out in article 38, paragraph 3, of the Convention on the Rights of the Child, taking account of the principles contained in that article and recognizing that under the Convention persons under the age of 18 years are entitled to special protection.

(2) Each State Party shall deposit a binding declaration upon ratification of or accession to the present Protocol that sets forth the minimum age at which it will permit voluntary recruitment into its national armed forces and a description of the safeguards it has adopted to ensure that such recruitment is not forced or coerced.

(3) States Parties that permit voluntary recruitment into their national armed forces under the age of 18 years shall maintain safeguards to ensure, as a minimum, that:

a) Such recruitment is genuinely voluntary;

b) Such recruitment is carried out with the informed consent of the person's parents or legal guardians;

c) Such persons are fully informed of the duties involved in such military service;

---

* Die Sprachen der Internationalen Konferenzen sind Englisch und Französisch. In weitere Sprachen werden die Konventionen erst übersetzt, wenn sie ratifiziert sind.

d) Such persons provide reliable proof of age prior to acceptance into national military service.

(4) Each State Party may strengthen its declaration at any time by notification to that effect addressed to the Secretary-General of the United Nations, who shall inform all States Parties. Such notification shall take effect on the date on which it is received by the Secretary-General.

(5) The requirement to raise the age in paragraph 1 of the present article does not apply to schools operated by or under the control of the armed forces of the States Parties, in keeping with articles 28 and 29 of the Convention on the Rights of the Child.

Article 4

(1) Armed groups that are distinct from the armed forces of a State should not, under any circumstances, recruit or use in hostilities persons under the age of 18 years.

(2) States Parties shall take all feasible measures to prevent such recruitment and use, including the adoption of legal measures necessary to prohibit and criminalize such practices.

(3) The application of the present article shall not affect the legal status of any party to an armed conflict.

Article 5

Nothing in the present Protocol shall be construed as precluding provisions in the law of a State Party or in international instruments and international humanitarian law that are more conducive to the realization of the rights of the child.

Article 6

(1) Each State Party shall take all necessary legal, administrative and other measures to ensure the effective implementation and enforcement of the provisions of the present Protocol within its jurisdiction.

(2) States Parties undertake to make the principles and provisions of the present Protocol widely known and promoted by appropriate means, to adults and children alike.

(3) States Parties shall take all feasible measures to ensure that persons within their jurisdiction recruited or used in hostilities contrary to the present Protocol are demobilized or otherwise released from service. States Parties shall, when necessary, accord to such persons all appro-

priate assistance for their physical and psychological recovery and their social reintegration.

Article 7

(1) States Parties shall cooperate in the implementation of the present Protocol, including in the prevention of any activity contrary thereto and in the rehabilitation and social reintegration of persons who are victims of acts contrary thereto, including through technical cooperation and financial assistance. Such assistance and cooperation will be undertaken in consultation with the States Parties concerned and the relevant international organizations.
(2) States Parties in a position to do so shall provide such assistance through existing multilateral, bilateral or other programmes or, inter alia, through a voluntary fund established in accordance with the rules of the General Assembly.

Article 8

(1) Each State Party shall, within two years following the entry into force of the present Protocol for that State Party, submit a report to the Committee on the Rights of the Child providing comprehensive information on the measures it has taken to implement the provisions of the Protocol, including the measures taken to implement the provisions on participation and recruitment.
(2) Following the submission of the comprehensive report, each State Party shall include in the reports it submits to the Committee on the Rights of the Child, in accordance with article 44 of the Convention, any further information with respect to the implementation of the Protocol. Other States Parties to the Protocol shall submit a report every five years.
(3) The Committee on the Rights of the Child may request from States Parties further information relevant to the implementation of the present Protocol.

Article 9

(1) The present Protocol is open for signature by any State that is a party to the Convention or has signed it.
(2) The present Protocol is subject to ratification and is open to accession by any State. Instruments of ratification or accession shall be deposited with the Secretary-General of the United Nations.

(3) The Secretary-General, in his capacity as depositary of the Convention and the Protocol, shall inform all States Parties to the Convention and all States that have signed the Convention of each instrument of declaration pursuant to article 3.

Article 10

(1) The present Protocol shall enter into force three months after the deposit of the tenth instrument of ratification or accession.

(2) For each State ratifying the present Protocol or acceding to it after its entry into force, the Protocol shall enter into force one month after the date of the deposit of its own instrument of ratification or accession.

Article 11

(1) Any State Party may denounce the present Protocol at any time by written notification to the Secretary-General of the United Nations, who shall thereafter inform the other States Parties to the Convention and all States that have signed the Convention. The denunciation shall take effect one year after the date of receipt of the notification by the Secretary-General. If, however, on the expiry of that year the denouncing State Party is engaged in armed conflict, the denunciation shall not take effect before the end of the armed conflict.

(2) Such a denunciation shall not have the effect of releasing the State Party from its obligations under the present Protocol in regard to any act that occurs prior to the date on which the denunciation becomes effective. Nor shall such a denunciation prejudice in any way the continued consideration of any matter that is already under consideration by the Committee on the Rights of the Child prior to the date on which the denunciation becomes effective.

Article 12

(1) Any State Party may propose an amendment and file it with the Secretary-General of the United Nations. The Secretary-General shall thereupon communicate the proposed amendment to States Parties with a request that they indicate whether they favour a conference of States Parties for the purpose of considering and voting upon the proposals. In the event that, within four months from the date of such communication, at least one third of the States Parties favour such a conference, the Secretary-General shall convene the conference under the auspices of the United Nations. Any amendment adopted by a majority of States Parties

present and voting at the conference shall be submitted to the General Assembly of the United Nations for approval.

(2) An amendment adopted in accordance with paragraph 1 of the present article shall enter into force when it has been approved by the General Assembly and accepted by a two-thirds majority of States Parties.

(3) When an amendment enters into force, it shall be binding on those States Parties that have accepted it, other States Parties still being bound by the provisions of the present Protocol and any earlier amendments they have accepted.

Article 13

(1) The present Protocol, of which the Arabic, Chinese, English, French, Russian and Spanish texts are equally authentic, shall be deposited in the archives of the United Nations.

(2) The Secretary-General of the United Nations shall transmit certified copies of the present Protocol to all States Parties to the Convention and all States that have signed the Convention.

Bildnachweis

Seite 21: Faschismus, hg. v. der Arbeitsgruppe Ausstellungsübernahme der Neuen Gesellschaft für Bildende Kunst e.V. und dem Kunstamt Kreuzberg, Elefanten Press, Berlin u. a. 1976, S. 29

Seite 22: Archiv für Kunst und Geschichte Berlin, drei 14-jährige deutsche Jungen, Soldaten des »Volkssturms« und Flakhelfer, nach ihrer Gefangennahme durch Truppen der 6. Panzerdivision, 3. US-Armee, bei Giessen, 29. 3. 1945

Seite 48: Archiv für Kunst und Geschichte Berlin, Gefangennahme von deutschen Scharfschützen durch Soldaten der 3. US-Armee in Deutschland. 2. 4. 1945

Seite 55: Karte aus: The World Guide 2001/2002, New Internationalist Publications, Oxford 2001, S. 344

Alle anderen Bilder sind dem Film »I killed people« von Alice Schmid entnommen (Kamera Romeo Polcan).

Literaturangaben

Die Genfer Rotkreuz-Abkommen vom 12. August 1949, Schriften des Deutschen Roten Kreuzes, Bonn 1988

IKRK, Das humanitäre Völkerrecht – Antworten auf Ihre Fragen, IKRK-Publikationen, Genf

Krieg ist kein Kinderspiel, Lutherischer Weltbund/Brot für die Welt, 1997

der überblick – Zeitschrift für ökumenische Begegnung und internationale Zusammenarbeit, 34. Jahrgang, Dezember 1998

Henry Dunant, Eine Erinnerung an Solferino, 1862

Stop using Child Soldiers, Koalition für die Beendigung des Einsatzes von Kindersoldaten, terre des hommes Deutschland, Osnabrück 1999

enfants-soldats, Conseil des delegues, Birmingham, 29–30 octobre 1993

Christof Dejung, Eine Brücke zwischen Zeitzeugen und Historikern, Neue Zürcher Zeitung, 3./4. Juni 2000

Alptraum ohne Ende – Kinder und Krieg, terre des hommes Deutschland, Januar 1999

Vielstimmiges Gedächtnis – Beiträge zur Oral History, hg. v. Gregor Spuhler u. a., Chronos Verlag, Zürich 1994

Augustine Konneh, Religion, Commerce, and the Integration of the Mandingo in Liberia, University Press of America, Lanham, NY/London 1996

Freidune Sahebjam, Ich habe keine Tränen mehr, rororo aktuell, Reinbek 1988

Mary H. Moran, Civilized Women, Gender and Prestige in Southeastern Liberia, Cornell University Press, Ithaca/London 1990

Joseph Ki-Zerbo, Die Geschichte Schwarz-Afrikas, Fischer Taschenbuch Verlag, Frankfurt/Main 1986

Poems of Liberia 1836–1961, collected by A. D. Banks Henries, Macmillan and Company Limited, 1963

Monika Oettli, Und dann töten sie mich, Die Zeit, 14. Januar 1999

Kontaktadressen
der Koalition für die Beendigung des Einsatzes von Kindersoldaten

Coalition to Stop the Use of Child Soldiers
P.O. Box 22 696, London N4 3ZJ, Großbritannien
Telefon: ++44 (0) 20 72 74 02 30
Telefax: ++44 (0) 20 77 38 41 10
E-Mail: press@child-soldiers.org
www.child-soldiers.org

amnesty international
1, Easton Street
London WC 1X 8DJ, Großbritannien
www.amnesty.org

Defense for Children International
1, rue de Varembé
1209 Genf, Schweiz
www.childhub.ch

Human Rights Watch
Jo Becker (Präsident der Steuerungsgruppe)
Advocacy Director
Children's Rights Division
350 Fifth Avenue, 34th Floor
New York, NY 10118-3299, USA
Telefon: ++1 (212) 216 1236
www.hrw.org

International Federation terre des hommes
31, chemin Frank-Thomas
1208 Genf, Schweiz
www.iftdh.org

Jesuit Refugee Service
29, avenue Soret
1201 Genf, Schweiz
www.jesuit.org/refugee

Quaker United Nations Office, Genf
13, avenue du Mervelet
1201 Genf, Schweiz
www.quaker.org

Rädda Barnen
Child Soldiers Projekt
10788 Stockholm, Schweden
www.rb.se

Weitere Informationsquellen

IKRK
Internationales Komitee vom Roten Kreuz
19, avenue de la Paix
1202 Genf, Schweiz
Telefon: ++41 (22) 7 34 60 01
www.icrc.org

Mercedes Babé
International Federation of
Red Cross and Red Crescent Societies
17, chemin des Crêts
P.O. Box 372
1211 Genf 19, Schweiz
Telefax: ++41 (22) 7 33 03 95

Rädda Barnen versendet Newsletters zum Thema Kinder-
soldaten.
Kontakt: Henrik Häggström
E-Mail: henrik.häggström@rb.se

Der Film »I killed people«

Fünf Jugendliche aus Liberia erzählen der Filmemacherin Alice Schmid von ihren traumatischen Erlebnissen als Kindersoldaten im liberianischen Bürgerkrieg. Es sind erschütternde, traurige Berichte von zerstörter Kindheit und zerstörter Heimat. Gleichzeitig aber zeigen die jungen Frauen und Männer mit ihren Aussagen, dass ihre Zukunft sich immer noch zum Positiven wenden kann, wenn ihnen die Möglichkeit geboten wird.

Kopien des im Januar 2000 in Biarritz mit dem begehrten Fernsehpreis FIPA D'OR 2000 ausgezeichneten Films können ausgeliehen beziehungsweise gekauft werden bei:

Deutschland
EZEF
Kniebisstraße 29
70188 Stuttgart
Telefon (07 11) 9 25 77 50
Telefax (07 11) 9 25 77 25
E-Mail: ezef@geod.geonet.de

Schweiz
»Filme für Eine Welt«
Monbijoustrasse 31
Postfach 60 74
3001 Bern
Telefon (0 31) 3 98 20 88
Telefax (0 31) 3 98 20 87
E-Mail: mail@filmeeinewelt.ch

Andreas Berger/Rudi Friedrich/
Katharina Schneider
Der Krieg in Türkei-Kurdistan

Seit 1984 hat der Krieg in den kurdischen Gebieten der Türkei
über 30 000 Tote gefordert. Fast 2 800 Dörfer sind vollständig
entvölkert worden. Fünf Millionen Menschen sind wegen des
Krieges emigriert. In großen Armeeoperationen werden ganze
Landstriche eingekreist, durchkämmt und zum Schauplatz von
Gefechten. Rund 150 000 Soldaten der türkischen Armee und
etwa ebensoviele Mitglieder von Polizeieinheiten stehen zirka
10 000 bis 15 000 Guerilla der kurdischen PKK gegenüber.
In dieser Dokumentation wird der Hintergrund des Konflikts
dargestellt, die Kriegführung des türkischen Staates und deren
Folgen beschrieben. In einem zweiten Teil geht es insbesondere um den Einsatz und die Situation der Soldaten in der türkischen Armee. Durch ihren Bericht wird deutlich, daß die
Armee alles andere als einen »sauberen Krieg« führt beziehungsweise »Terroristen gezielt bekämpft«. Es handelt sich
vielmehr um einen systematischen staatlichen Terror gegen die
kurdische Bevölkerung.

Ein Buch aus dem Lamuv Verlag

Oliver Mohr
Hinter dem 38. Breitengrad
Mit CAP ANAMUR in Nordkorea

Wie kein anderes Land der Welt hat sich Nordkorea in den letzten Jahrzehnten gegenüber dem westlichen Ausland abge-
schottet. Was sich nördlich des 38. Breitengrades abspielt, ist
nahezu unbekannt. In den letzten Jahren mehren sich jedoch
Meldungen, dass in der »Demokratischen Volksrepublik« seit
1995 Hunderttausende verhungert sind – manche sprechen von
Millionen.
Der Publizist und Arzt Oliver Mohr zählt zu den wenigen Aus-
ländern, die sich für längere Zeit im Land aufhalten durften –
als Mitarbeiter der Hilfsorganisation »Komitee Cap Anamur«.
Seine Reportagen bieten einmalige Einblicke und wichtige Hintergrundinformationen über eines der ärmsten Länder der
Welt, das jetzt vorsichtig eine Annäherung zu Südkorea sucht.

Oliver Mohr, geboren 1964 in Sindelfingen bei Stuttgart, hat
Medizin studiert und als Arzt in Entwicklungshilfeprojekten
auf den Philippinen und in Nordkorea gearbeitet. Gleichzeitig
war er journalistisch tätig, unter anderem für die »Süddeutsche
Zeitung«, die »Frankfurter Rundschau«, die »Neue Zürcher
Zeitung«, den »Tagesspiegel«, den Wiener »Standard« und
»Geo«. Heute arbeitet er in Berlin.

Ein Buch aus dem Lamuv Verlag

Zum Beispiel Kinderarbeit

Redaktion: Uwe Pollmann

Wie viele Kinder unter 15 Jahren auf der Welt arbeiten auf der Welt arbeiten müssen, weiß keiner genau zu sagen. Schätzungen gehen von 200 Millionen aus.

Kinderarbeit gibt es in der Dritten Welt in nahezu jedem Bereich. In der Landwirtschaft ist sie am weitesten verbreitet. Aber nicht immer muß Kinderarbeit schädlich sein. Die allmähliche Einbeziehung von Kindern in die Lebens- und Arbeitswelt der Erwachsenen kann auch Ausdruck einer verantwortungsbewußten Erziehung, ja, ein durchaus sinnvoller Lernprozeß sein.

Andererseits gibt es zahllose Fälle der Ausbeutung der kindlichen Arbeitskraft. Hier wird Profit aus der Ausbeutung dieser jungen Arbeitskräfte geschlagen. Kinder werden über ihr Leistungsvermögen hinaus beansprucht. Ihre körperliche und geistige Entwicklung wird behindert.

Der Band beschäftigt sich mit dieser ausgebeuteten Kinderarbeit: mit ihren Ursachen und Folgen, mit ihren Nutznießern ... Und er stellt die Arbeit von Kinderhilfsorganisationen vor.

»Eine empfehlenswerte Lektüre für Jugendliche und Erwachsene, Lehrer und Schüler, Dritte-Welt-Gruppen, deutsche Teppichhändler und deutsche Politiker.« (Jürgen Lieser in: Caritas)

Ein Buch aus dem Lamuv Verlag